MADONNA

...RAW

Testi e foto di George DuBose

Direzione artistica e design di George DuBose

Stampato da Wonderland Publishing
©2015 George-DuBose.com

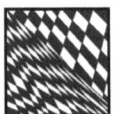

Copyright ©2015 di George DuBose

Madonna - Raw
Prima Edizione
ISBN 978-0-9863-0452-1

Stampato negli Stati Uniti d'America
Presente nel catalogo delle pubblicazioni della Libreria del Congresso
Tutte le immagini contenute in questo libro sono disponibili come stampe artistiche
autografate e numerate in edizione limitata

Per maggiori informazioni contattare: boss@george-dubose.com

Traduzione in Italiano di Ruggero Brunello

Altre pubblicazioni della Wonderland Publishing

"I Speak Music	- Ramones"	English Edition	ISBN 978-0-9889-2340-9
"Hablo Musica	- Ramones"	Españoles Edición	ISBN 978-0-9889-2341-6
"Eu falo Música	- Ramones"	Português Edição	ISBN 978-0-9889-2345-4
"Parlo Musica	- Ramones"	Edizione Italiana	ISBN 978-0-9889-2347-8
"I Speak Music	- Hip Hop	- Old School Volume One"	ISBN 978-0-9889-2342-3
"I Speak Music	- Hip Hop	- Old School Volume Two"	ISBN 978-0-9889-2343-0
"I Speak Music	- Hip Hop	- Old School Volume Three"	ISBN 978-0-9889-2344-7
"The Big Book of Hip-|Hop Photography"		First Edition	ISBN 978-0-9889-2346-1
"Renovate a Sailboat and Cross the Atlantic"		First Edition	ISBN 978-0-9889-2348-5
"Madonna...Raw - A Very Early Concert"		First Edition	ISBN 978-0-9863-0451-4

Sembrava una strana richiesta quella arrivata da una manager che non avevo mai incontrato prima e della quale non avevo nemmeno sentito parlare.

Prendi un treno per Roslyn, NY, vai in un club chiamato Uncle Sam's Blues e fotografa la cantante della band che si esibisce. Fotografa solo la cantante, non i membri della band.

Eh?

Da quando mi ero trasferito a New York nel 1975, ci erano voluti un paio di anni per affermarmi come fotografo. Per il 1978, avevo fotografato i B-52's per la rivista "Interview" di Andy Warhol e avevo usato un'altra foto non commissionata per stampare mille copie di un manifesto da affiggere per strada, al fine di pubblicizzare i loro concerti. Nel 1979, la foto che avevo usato per il poster diventò la copertina del primo album dei B-52's e anche la mia prima copertina...

In poco tempo, avevo ricevuto altri incarichi per realizzare copertine di dischi e, frequentando club musicali come CBGBs, Max's Kansas City e Hurrah's, cominciavo ad incontrare altri musicisti, a fotografare i loro concerti e in generale a diventare "conosciuto" a NYC come fotografo musicale e della vita notturna.

John Phillips, un fratello alto più di un metro e ottanta che lavorava alla porta dell'Hurrah's, diventò mio amico; con lui, chiacchieravo spesso prima dell'inizio degli spettacoli. A quanto pare, qualcuno chiese a John se conoscesse un competente fotografo live in ambito musicale e lui raccomandò me.

Ricevetti una telefonata da una donna di nome Camille la quale mi delineò la sua necessità di avere delle foto di questa cantante ancora senza nome.

Le risposi, "250 dollari, più le pellicole e il costo dello sviluppo, più il biglietto del treno". Camille non contestò la cifra e mi comunicò il giorno del concerto. Disse di nuovo che avrei dovuto fotografare "solo la cantante". Mi avevano chiamato molte volte per fotografare band in concerto a scopo pubblicitario, ma mai "solo la cantante".

Sfortunatamente, la data esatta di questo concerto è persa nella "nebbia di guerra". Ho parlato con parecchi esperti molto informati sui dati biografici di questa "cantante", ma non sono ancora sicuro della data esatta in cui andai all'Uncle Sam's Blues a scattare queste foto.

Roslyn, NY, è parecchio distante da Manhattan. Non avevo mai sentito parlare di questo Uncle Sam's Blues; a Roslyn c'è un altro famoso locale notturno, chiamato My Father's Place. Curiosamente, anni dopo, era proprio la gestione del MFP a sostenere di aver organizzato quell'esibizione dei primissimi tempi.

Non ricordo nulla del club o degli ospiti di quella sera. Fortunatamente, sono le mie foto che mi aiutano a ricordare la performance di questa cantante.

Agli inizi della mia carriera di fotografo a New York City ho visto debuttare molti gruppi. Verso la fine degli anni '70 la New Wave Americana stava esplodendo. A quel tempo, il Punk non mi interessava così tanto e la Disco per me era diventata unidimensionale, la New Wave invece non aveva un unico stile. Sembrava che la direttiva di quei tempi fosse, "si può fare di tutto"...

Klaus Nomi e la sua voce da controtenore, B-52's, Talking Heads, Kraftwerk, Trio, Plastic Bertrand, avevano tutti un suono radicalmente differente. Pensavo addirittura che il primo Hip-Hop fosse semplicemente un altro stile nell'ambito delle sonorità New Wave.

Quella notte all'Uncle Sam's Blues, mentre guardavo, ascoltavo e fotografavo l'esibizione di quella band,

mi resi conto velocemente di quanto questa cantante fosse assolutamente unica.

Primo, era decisamente carina in un modo vagamente punk, ma non era vestita da punk. Le ragazze punk tendono a vestirsi in uno stile uni-sex che è difficile definire provocante. La donna che si esibiva sul palco quella sera era... sexy. Aveva addosso delle calze a rete (vagamente punk), ma anche una minuscola minigonna in pelle con top in pelle coordinato. Questi articoli in pelle non erano fatti su misura, sembravano piuttosto scampoli grezzi. Qualcosa che assomigliava a quello che indossava Jane (Maureen O'Hara) nei famosi film di Tarzan con Johnny Weissmuller. Chic tribale...

Ero decisamente ammaliato. Aveva uno stile vocale unico e attraente, si vestiva e comportava in modo provocante ma non volgare. Era decisamente acrobatica, mentre ballava e si rotolava sul palco.

Ero felice di non aver degnato di ALCUNA attenzione il resto della band.

Quanto sia durato il primo set, non ne ho idea. Ricordo di essere andato nel backstage dopo il concerto e di aver chiesto ad uno dei musicisti se ci sarebbe stato un secondo show.

Era in programma...

Continuai ad aggirarmi nell'area del backstage e dopo aver spinto lo sguardo oltre una porta aperta, inquadrai la cantante seduta da sola nel suo camerino.

Bussando sul telaio della porta, mi presentai.

"Ciao, mi chiamo George. Sono il tuo fotografo per la serata.

Qual è il tuo nome?"

"Madonna", rispose lei.

"Qual è il tuo vero nome?" chiesi.

"Madonna".

Le dissi che avevo apprezzato un bel po' il suo show. A Manhattan ero presente alle esibizioni di molti gruppi esordienti. Avevo visto quali erano le band che ottenevano pubblicità e, di conseguenza, contratti discografici. Dissi a Madonna che il suo spettacolo mi aveva fatto un'ottima impressione, il materiale e la sua capacità erano unici e che non suonava affatto come le altre mille cantanti di gruppi da bar che riproponevano successi per i ragazzini dei sobborghi.

Continuai dicendole che secondo me il suo outfit e lo spettacolo erano decisamente sexy, ma ebbi l'impressione che lei stessa non fosse sicura dell'"effetto che faceva". Le dissi che volevo solo assicurarle che il tutto stava funzionando...

Camille, la manager, ovviamente sentì tutto o quasi tutto il discorso e cominciò a urlare.

"Come ti permetti di parlare alla mia artista!
Vattene via all'istante!" gridò.

Lasciai velocemente il camerino e il backstage tenendo stretta la mia attrezzatura e ritornai al club.

Nel secondo spettacolo, Madonna indossò una serie di costumi di scena. Una giacca bianca con sotto una pettorina da majorette dell'Università del Michigan con una grossa "M", chissà se significava Michigan? Oppure Madonna? La indossava assieme ad una semplice camicia elegante bianca da uomo, con tanto di iniziali ricamate. Chiaramente, stava cercando di definire un look, questo però le sarebbe riuscito più avanti...

Dopo il secondo set, tornai a Manhattan lungo la Long Island Rail Road. Il giorno seguente, sviluppai i quattro rullini di pellicola Ilford XP-1 B&W che avevo esposto.

Ciò che potrebbe essere "interessante" per i fotografi e gli amanti dell'arte fotografica, è che la pellicola XP-1 era nuova per me, non l'avevo mai usata prima. Anche la pellicola stessa era una nuova tecnologia, la sua emulsione era composta da due strati. Entrambi gli strati concorrevano a formare una singola immagine, ma uno degli strati era più sensibile alla luce dell'altro e lo strato più sensibile produceva una struttura molto granulosa; il secondo strato di emulsione non era così sensibile alla luce e generava un'immagine con una struttura granulare più fine.

Nel contemplare gli scatti di questo libro, noterete che talvolta lo sfondo nero è pieno di piccoli puntini bianchi. Questo è dovuto alla grana dello strato di emulsione poco sensibile alla luce.

Una volta preparati i negativi a contatto, chiamai Camille per consegnarglieli o perché qualcuno venisse a prenderli, ma non mi richiamò mai.

...e nessuno mi pagò.

Scrissi la data dello sviluppo su ciascun rullino; in questo caso, la numerazione dei rullini va da 102081-1 a 102081-4. Questo mi porta a credere di aver fotografato Madonna all'Uncle Sam's Blues il 19 ottobre del 1981.

Durante quel concerto a Roslyn, Madonna aveva conquistato un nuovo fan. Anche se la sua manager non mi richiamò mai per avere i negativi a contatto, pensai che Madonna fosse un'artista da tenere d'occhio. A me, quella sera a Roslyn il suo potenziale da star era stato molto chiaro. Cominciai a tenere le orecchie tese per altri concerti di Madonna in arrivo. C'era uno show all'Underground, una disco nel seminterrato del palazzo ove aveva sede la Factory di Andy Warhol. "Credo" di esserci stato (Oh! La Nebbia di Guerra!), ma non ho nessuna foto di quella serata.

Scattai un paio di istantanee, invece, ad un concerto successivo che Madonna fece sul tetto del palazzo dove c'era la Danceteria.

La Danceteria era un club notturno molto popolare agli inizi degli anni '80. C'erano spesso delle proiezioni di film artistici a inizio serata, seguite da nottate passate a ballare con i DJ più in voga di Manhattan. Durante l'estate, tenevano un BBQ sul tetto ove si poteva mangiare un hamburger guardando i Flock of Seagulls o, in questo caso, una Madonna emergente. Avevo portato Michael O'Brien e Yuki Watanabe a vedere questa ragazza che mi aveva fatto impazzire.

Michael stava promuovendo un evento notturno mensile a Boston chiamato "New York Nights". Michael e Yuki giravano per Manhattan in cerca della novità delle novità tra gli artisti della New Wave, per poi scritturare questi artisti della Manhattan all'ultimo grido e presentarli alla scena più curiosa e aperta di Boston...

Soul Sonic Force (ve l'avevo detto che credevo che l'Hip-Hop fosse New Wave), Man Parrish, New York City Breakers e i graffiti dal vivo di Bil Blast vennero scritturati mese dopo mese. Un evento al mese. Provammo anche a prendere Klaus Nomi dopo il successo del suo debutto europeo, ma purtroppo era diventato malato terminale.

Madonna aveva impressionato talmente Michael e Yuki che i due organizzarono le riprese di un video con tre telecamere in un club di Boston chiamato "Metro". Presi un volo e andai a quell'evento per fare le foto e divertirmi. Questa volta avevo con me un'altra "nuova" pellicola, delle diapositive a colori o trasparenze istantanee, prodotta dalla Polaroid. Si trattava di una nuova pellicola contenuta in un rullino standard da 35mm, che però poteva essere sviluppata immediatamente con l'aiuto di una piccola sviluppatrice. Essa in seguito veniva tagliata, intelaiata e presentata prontamente con un proiettore per diapositive. Pensavo fosse "strafico". Poter fotografare i musicisti e il pubblico in un locale notturno e poi mostrare con un proiettore per diapositive le foto appena scattate nel giro di 15 minuti, prima dell'avvento della fotografia digitale e dei proiettori digitali, era davvero l'avanguardia.

Lo svantaggio della pellicola Polaroid era che presentava delle righe al suo interno, il perché o il percome sono un mistero. Il secondo problema è che l'emulsione di queste pellicole per diapositive a colori era molto delicata e suscettibile agli strisci. Sono riuscito a recuperare solo un paio di diapositive di quella serata a Boston.

Il primo show di Madonna a Boston era stato un concerto memorabile per due ragioni. Era il secondo concerto che avevo visto nel quale Madonna aveva cominciato a ballare su una base con le sue canzoni. Niente più gruppo. Aveva due ballerini, una ragazza e suo fratello. Immagino che la componente "ballerina" di Madonna stesse diventando sempre più la parte principale del suo spettacolo.

Il look da concerto di Madonna a quel punto era focalizzato e definito. Il suo lavoro con l'influente Maripol (Maripol Fauque o semplicemente Maripol, designer, produttrice cinematografica, stylist e artista della Polaroid francese, NdT) aveva conferito a Madonna un look unico, inaugurando il suo stile personale nella moda.

Dopo il concerto al Metro, andai in camerino ove Michael O'Brien e Yuki Watanabe stavano tenendo banco con Madonna. Quando Madonna notò la mia presenza, mi chiese, "Che cosa fai qui?"

Forse si ricordava di me dai tempi di Roslyn?

"Ti ho procurato il concerto", le risposi.

In seguito, consegnai i miei negativi al mio agente, la London Features International, che cominciò a concedere la licenza delle mie foto di Madonna a varie pubblicazioni e libri. Non ho mai saputo con precisione quali foto di Madonna fossero state distribuite dalla LFI e a quali soggetti.

Mi viene in mente un fatto accaduto parecchi anni dopo. Ricevetti una telefonata da qualcuno che chiamava per conto della Maverick Records, la compagnia discografica di Madonna. Mi chiesero quanto volevo per una stampa da 16 x 20 pollici (circa 40 x 50 cm, NdT) del concerto di Roslyn.

Risposi, "Mille dollari". Ero ancora un po' arrabbiato per essere stato raggirato da Camille. A quel tempo erano un sacco di soldi e lo sono ancora, ma ad oggi i miei prezzi sono anche più alti.

La Maverick Records non comprò mai la foto oggetto della richiesta. Un anno o due più tardi, la Maverick mi chiamò di nuovo chiedendomi quale fosse il mio prezzo per una stampa da 16 x 20 pollici dello show di Roslyn.

La mia risposta fu, "Duemila dollari".

Il tempo passa... così lentamente...

Il 16 febbraio del 2015, ho ricevuto una email da un certo Matthew Rettenmund. Mi ha detto di essere il direttore responsabile dell'"Encyclopedia Madonnica, Madonna A-Z" e che desiderava vedere tutte le foto "non pubblicate" di Madonna.

Bene!

Gli ho risposto che avevo eseguito la scansione di parecchie foto che mi piacevano del concerto di Roslyn e che sarei stato felice di spedirgli dei file con estensione jpeg di quelle immagini affinché ci desse un'occhiata. Non sapevo davvero con certezza quali scatti erano già stati pubblicati.

La cosa non ha soddisfatto il Signor Rettenmund.

Mi ha riscritto chiedendomi di poter visionare tutte le immagini di quella serata.

Ho risposto che non sarebbe stato possibile, non avevo eseguito la scansione di tutte le immagini.

A quel punto, si è offerto di pagarmi per rifare le scansioni di tutte le pellicole.

Mi sono accordato per il prezzo e ho pensato, "Che diavolo. Posso fare la scansione di due rullini da 135-36, sono solo 72 foto".

Ha! Ha! Ha! Avevo dimenticato che i rullini erano quattro, avrei avuto il doppio del lavoro da fare.

Alla fine, per la seconda edizione della sua Encyclopedia Madonnica, che è davvero un libro molto affascinante, Matthew aveva autorizzato la pubblicazione di un gran numero di immagini.

Io, allo stesso tempo, mi ero reso conto di avere tutte le scansioni delle foto scattate a Roslyn, e mentre le ritoccavo cancellando eventuali difetti dovuti a strisci e polvere, ho scoperto molte immagini che non avevo mai visto prima o delle quali mi ero completamente dimenticato. Ho visto un paio di foto che erano meglio di quanto ricordassi. Delle nuove foto preferite.

Spesso, durante le interviste o semplicemente quando incontro fan dei Ramones, dei B52's o di altri gruppi con i quali ho lavorato, mi viene chiesto "com'era". Tutto ciò mi fa pensare che dovrei scriverci un libro, cosa che ho fatto nel caso dei Ramones e della mia relazione con la band durata 12 anni, nei quali ho realizzato foto per le loro copertine e per uso pubblicitario, e del libro ancora più ampio che ho ultimato sul lavoro svolto nell'ambito dell'Hip-Hop.

Così, ecco a voi il mio libro su Madonna. Troverete ognuna delle foto che le ho scattato quella sera a Roslyn, Long Island, New York nell'ottobre del 1981. Non so se fosse stato il primo concerto di Madonna come cantante, di sicuro è stata una delle sue primissime uscite. Non aveva ancora trovato il suo "look" per esibirsi, e stava ancora cercando le canzoni giuste con il contesto appropriato.

Ho anche inserito una foto scattata sul tetto della Danceteria e un paio di immagini del suo concerto al Metro.

Questa è la mia Madonna, pregi e difetti.

I miei difetti, non i suoi.

Di tanto in tanto lo scatto è fuori fuoco, più spesso le evoluzioni di Madonna nella luce tenue del palco hanno fatto sì che i tempi lenti di esposizione evidenziassero il movimento; alcune immagini erano un po' troppo scure.

Ho deciso comunque di pubblicarle tutte proprio per chiudere ogni altra discussione.

Nell'interesse della Libertà di Informazione.

ottenne un contratto discografico oltre che visibilità e un certo successo. Credo che la band fosse stata in giro a fasi alterne con varie formazioni. Ho sentito che anche Madonna ne ha fatto parte, prima che ottenessero il contratto.

GDuB: 5. Quanti concerti hai fatto assieme a questa formazione con Madonna prima e dopo lo show all'Uncle Sam's Blues?

JG: Direi che nell'area di New York City potremmo aver fatto da 8 a 12 concerti in tutto, tra la metà e la fine del 1981. In alcune delle ultime esibizioni potrebbe esserci stato Steve Bray alla batteria. Spremendo al massimo le meningi, ecco dove abbiamo suonato:

US Blues - 2 concerti
The Underground (Union Square) - 1 concerto
Max's Kansas City - 1 concerto
Cartune Alley - 1 concerto
Locale (?) nel palazzo di una banca a Soho - 1 concerto
Sindacato Studentesco del Queens College - 2 concerti
Altri Sindacati Studenteschi della zona – da 1 a 3 concerti

GDuB: 6. Ci sono stati altri concerti con il gruppo dopo lo show che ho fotografato all'US Blues?

JG: Sì, quello all'US Blues fu uno dei nostri primi show. In seguito ne abbiamo fatti parecchi.

GDuB: 7. La seconda volta che ho visto Madonna è stato in occasione della sua performance sul tetto della Danceteria. Non aveva una band, a quel punto si esibiva con una base dance assieme a suo fratello e un'altra ragazza. Come vi hanno informato che non avrebbero più avuto bisogno di voi?

JG: Per quella data, non ero più associato a Madonna, per cui posso solo immaginare. Ero stato sostutito da un altro bravo chitarrista, Paul Pesco. Il mio ruolo nella band era cessato molto prima con un accordo comune tra me e Camille. A quel tempo ero un musicista professionista molto occupato e nessuno, tranne forse proprio Madonna, aveva una sfera di cristallo per scoprire il futuro della propria carriera.

La band che suonava con Madonna veniva pagata dall'agenzia di management di Camille. Alla fine tra loro due ci fu una rottura e Camille smise di rappresentarla.

Improbabile che in quel momento Madonna avesse avuto le risorse per continuare ad avere dei musicisti. Gli stessi musicisti se ne sarebbero resi conto. Credo che le sue apparizioni nei dance-club ne siano state la conseguenza.

ottenne un contratto discografico oltre che visibilità e un certo successo. Credo che la band fosse stata in giro a fasi alterne con varie formazioni. Ho sentito che anche Madonna ne ha fatto parte, prima che ottenessero il contratto.

GDuB: 5. Quanti concerti hai fatto assieme a questa formazione con Madonna prima e dopo lo show all'Uncle Sam's Blues?

JG: Direi che nell'area di New York City potremmo aver fatto da 8 a 12 concerti in tutto, tra la metà e la fine del 1981. In alcune delle ultime esibizioni potrebbe esserci stato Steve Bray alla batteria. Spremendo al massimo le meningi, ecco dove abbiamo suonato:

US Blues - 2 concerti
The Underground (Union Square) - 1 concerto
Max's Kansas City - 1 concerto
Cartune Alley - 1 concerto
Locale (?) nel palazzo di una banca a Soho - 1 concerto
Sindacato Studentesco del Queens College - 2 concerti
Altri Sindacati Studenteschi della zona – da 1 a 3 concerti

GDuB: 6. Ci sono stati altri concerti con il gruppo dopo lo show che ho fotografato all'US Blues?

JG: Sì, quello all'US Blues fu uno dei nostri primi show. In seguito ne abbiamo fatti parecchi.

GDuB: 7. La seconda volta che ho visto Madonna è stato in occasione della sua performance sul tetto della Danceteria. Non aveva una band, a quel punto si esibiva con una base dance assieme a suo fratello e un'altra ragazza. Come vi hanno informato che non avrebbero più avuto bisogno di voi?

JG: Per quella data, non ero più associato a Madonna, per cui posso solo immaginare. Ero stato sostutito da un altro bravo chitarrista, Paul Pesco. Il mio ruolo nella band era cessato molto prima con un accordo comune tra me e Camille. A quel tempo ero un musicista professionista molto occupato e nessuno, tranne forse proprio Madonna, aveva una sfera di cristallo per scoprire il futuro della propria carriera.

La band che suonava con Madonna veniva pagata dall'agenzia di management di Camille. Alla fine tra loro due ci fu una rottura e Camille smise di rappresentarla.

Improbabile che in quel momento Madonna avesse avuto le risorse per continuare ad avere dei musicisti. Gli stessi musicisti se ne sarebbero resi conto. Credo che le sue apparizioni nei dance-club ne siano state la conseguenza.

12

Alcuni dei suoi turnisti di quel periodo – in particolare Steve Bray e Paul Pesco, avrebbero collaborato con lei in futuro.

GDuB: 8. Tra le canzoni eseguite all'US Blues c'erano brani scritti anche da qualche membro della band?

JG: Non credo. In seguito suonammo alcune canzoni che Madonna aveva scritto assieme a Steve Bray, ma non all'US Blues.

GDuB: 9. So che agli inizi della sua carriera Madonna si esibiva come batterista, suonava anche altri strumenti?

JG: Suonava la chitarra, le tastiere e ogni cosa le capitasse tra le mani. Lo studio ove provavamo era di Camille e Madonna se ne serviva nel fuori orario. Di solito registrava dei demo molto buoni delle sue canzoni, usando qualunque strumento colpisse la sua fantasia.

GDuB: 10. Quindi, chi ha scritto le linee di basso e le melodie sui testi delle canzoni presentate a quello show?

JG: Per quello che so Madonna aveva scritto testi e melodie per conto suo, tranne una o due canzoni composte assieme a Steve Bray. Io ero il suo direttore musicale e preparavo gli spartiti che la band avrebbe poi eseguito nelle prove. Era tutto basato sui suoi demo.

Ad un certo punto lavorammo ad una cover di Buffalo Springfield, "For What It's Worth", ma onestamente non ricordo se la suonammo o meno all'US Blues.

Per quanto riguarda le linee di basso, quello è un elemento dell'arrangiamento musicale, non la canzone stessa. Potrebbero esserci state linee di basso nelle demo che usavamo, potrei averne suggerita io qualcuna, oppure potrebbe essere stato John K a proporre qualche sua idea. Molto presumibilmente una combinazione delle tre possibilità.

GDuB: Potresti saperlo come non saperlo, ma dopo il primo set, ero andato nel backstage e avevo visto Madonna seduta da sola in un camerino. Mentre le parlavo, dicendole parole di incoraggiamento, Camille mi aveva sopreso e urlato "Come osi parlare alla mia artista!".

Poi sono tornato nel locale per fare le foto al secondo set.

Ho chiamato Camille lasciandole un messaggio uno o due giorni dopo, dicendole che le copie a contatto che avevo preparato dallo sviluppo dei quattro rullini erano pronte per la consegna. Non l'ho mai più sentita.

JG: Non lo sapevo. Penso che sia un fatto certo che la relazione lavorativa tra Camille e Madonna fosse fondamentalmente travagliata, tanto che ad un certo punto Camille trascinò Madonna in tribunale.

Per quanto riguarda il mio rapporto con Camille, disse che ero stato equamente compensato per il mio lavoro e che lei era stata determinante nel darmi l'opportunità di co-produrre una demo delle canzoni di Madonna – alcune delle quali sono trapelate online e sono ora conosciute come le "Gotham Tapes". Ho lavorato per Camille anche qualche anno più tardi per un'altra artista, Tatiana Cameron. Nonostante alcuni disaccordi, per un bel po' di anni abbiamo avuto una relazione essenzialmente cordiale.

In sostanza, non posso dire niente di male riguardo a Camille.

GDuB: In questo libro sto cercando di mettere Madonna in una luce positiva, non è una biografia, sono solo foto di uno dei suoi primi concerti.

JG: La Madonna che conoscevo era talentuosa, molto motivata, molto padrona di sé. Non ho mai

sovrastimato la considerazione che potesse avere di me, ma mi piaceva molto. Scusa se ho capito male alcune delle tue domande.

1)   Per tutto il periodo nel quale ho lavorato con Madonna, lei era chiaramente la leader della band. Venimmo assunti specificatamente per essere la sua band di supporto.

2)   Per quanto riguarda il periodo di tempo: speravo di ritrovare un calendario con tutte le date di quegli anni, ma pare che me ne sia sbarazzato. Ho giusto dato un'occhiata in quella che sembra una biografia ben informata di Madonna ("Madonna" di Andrew Morton). Sembra proprio che il grosso del mio impiego con lei sia stato durante il 1981. Dice che cominciammo a lavorare sul suo demo agli studi Mediasound nell'agosto del 1981. A quel punto Steve Bray era il batterista fisso della band. Se l'apparizione all'US Blues risale ad ottobre, allora il batterista era Steve Bray. Se hai una foto del batterista ed è di colore, allora la questione è risolta, perché Bob Riley era bianco.

3)   In origine, la mia impressione era che la gran parte del mio impiego con Madonna fosse nel 1980, non "a metà degli anni '80". Ti prego di rileggere la mia risposta alla tua prima domanda – avevo detto "primavera del 1980"

14

In ogni caso, sembra mi sia sbagliato di un anno, poiché tutti gli eventi che ricordo sono attribuiti da fonti indipendenti al 1981. È del tutto possibile che io abbia lavorato con Madonna principalmente nel 1981 e lo accetto come dato accurato.

Spero che questo dia la risposta alle tue domande.

Cordialmente, Jon

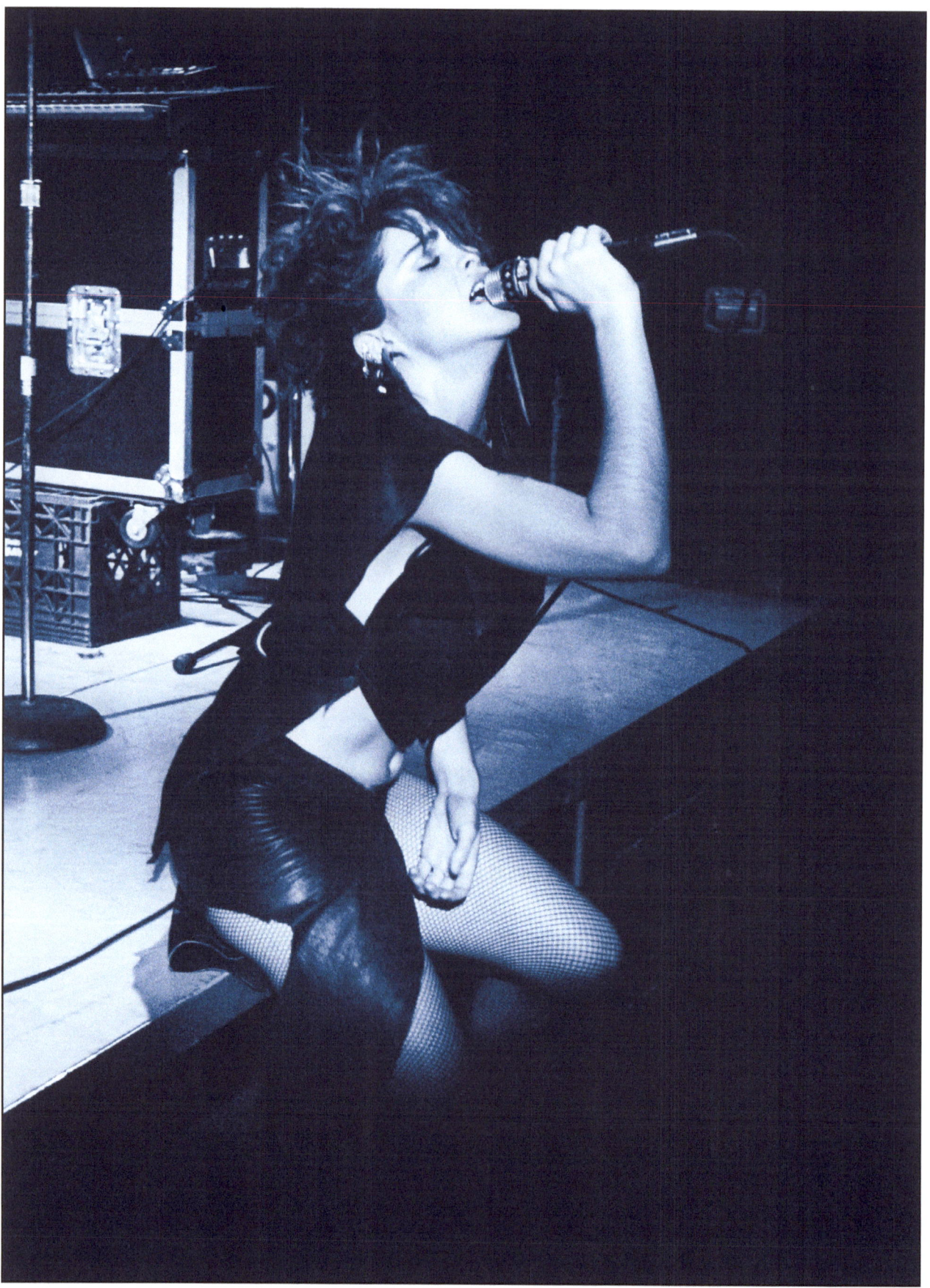

18

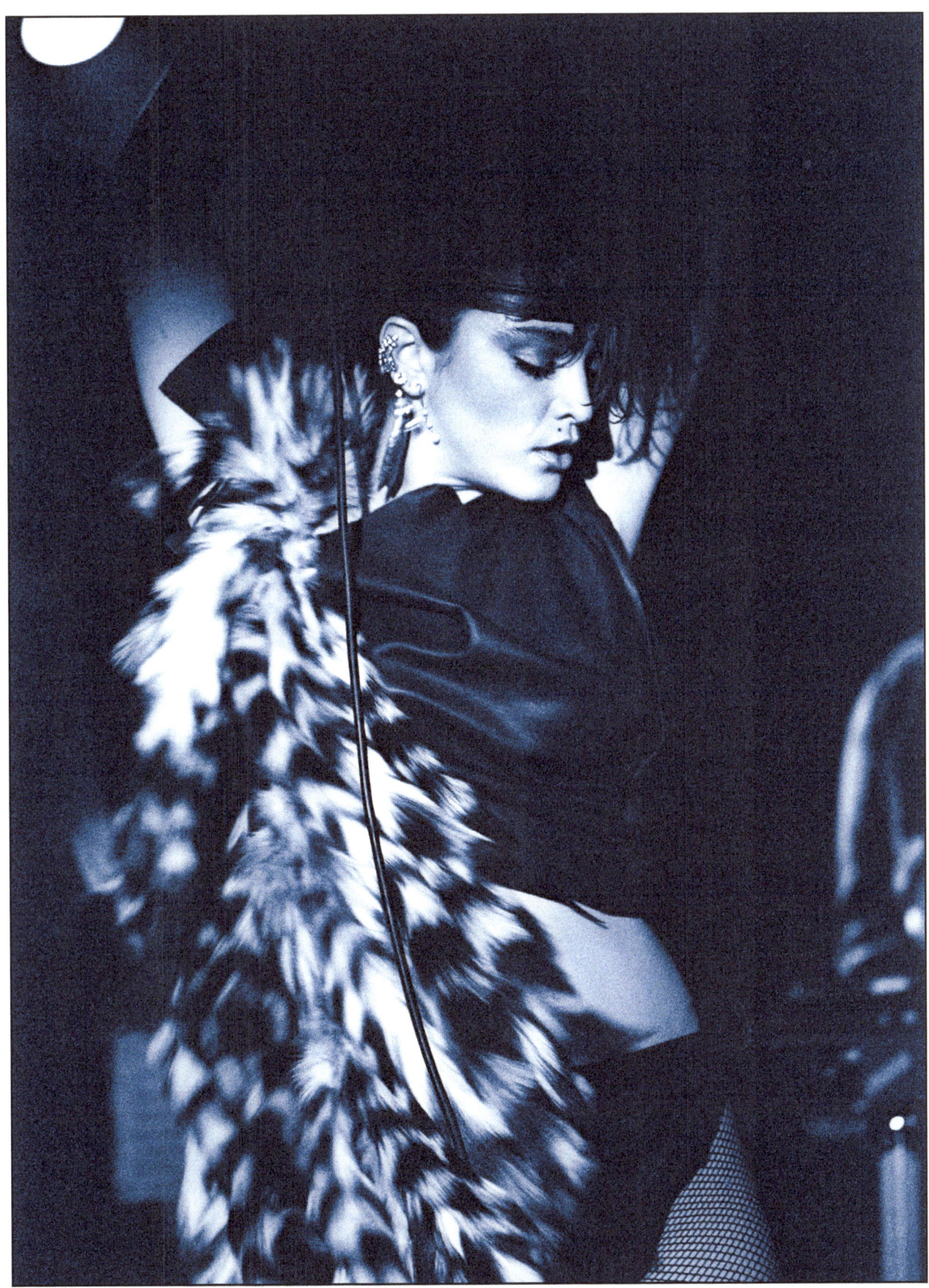

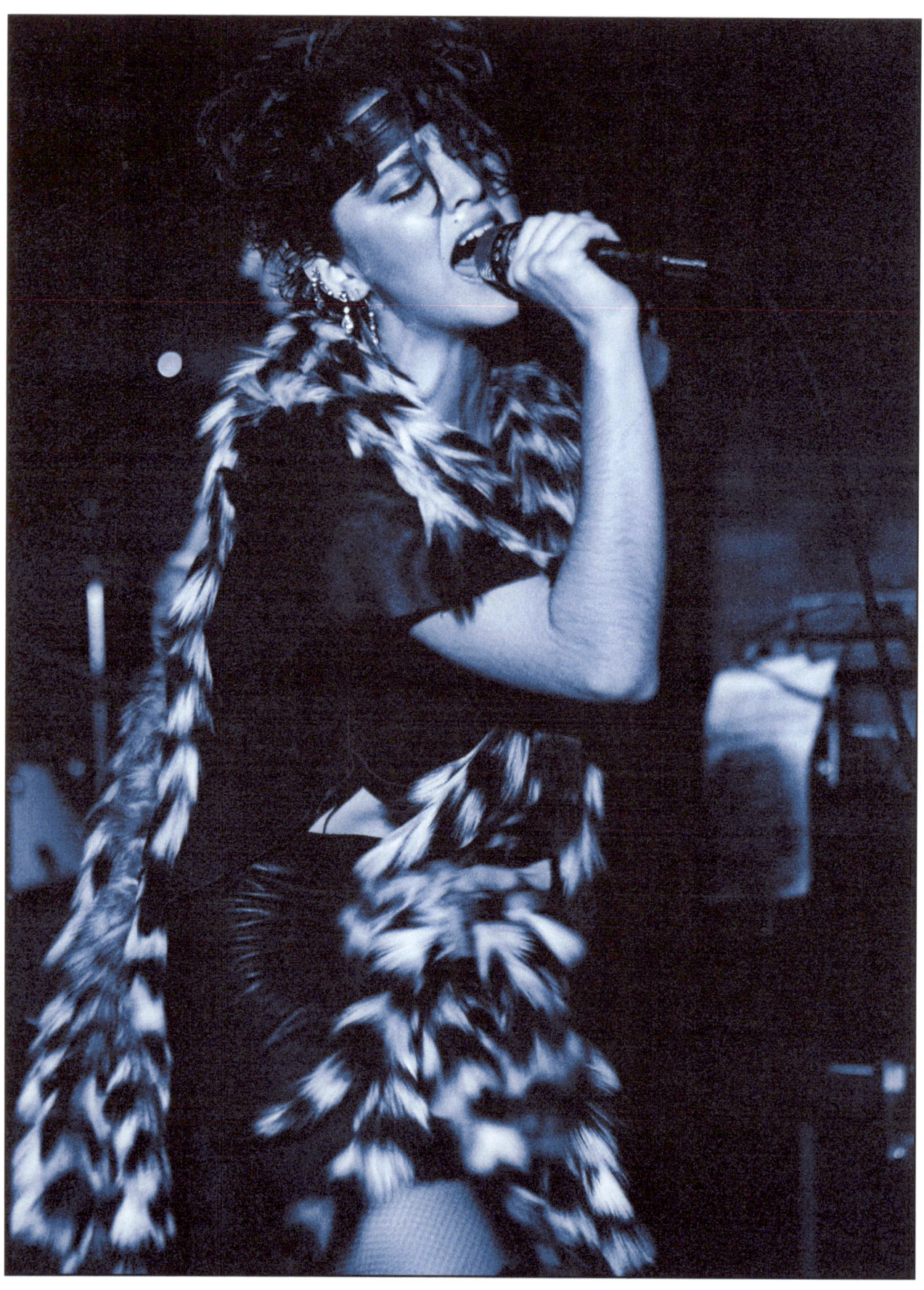

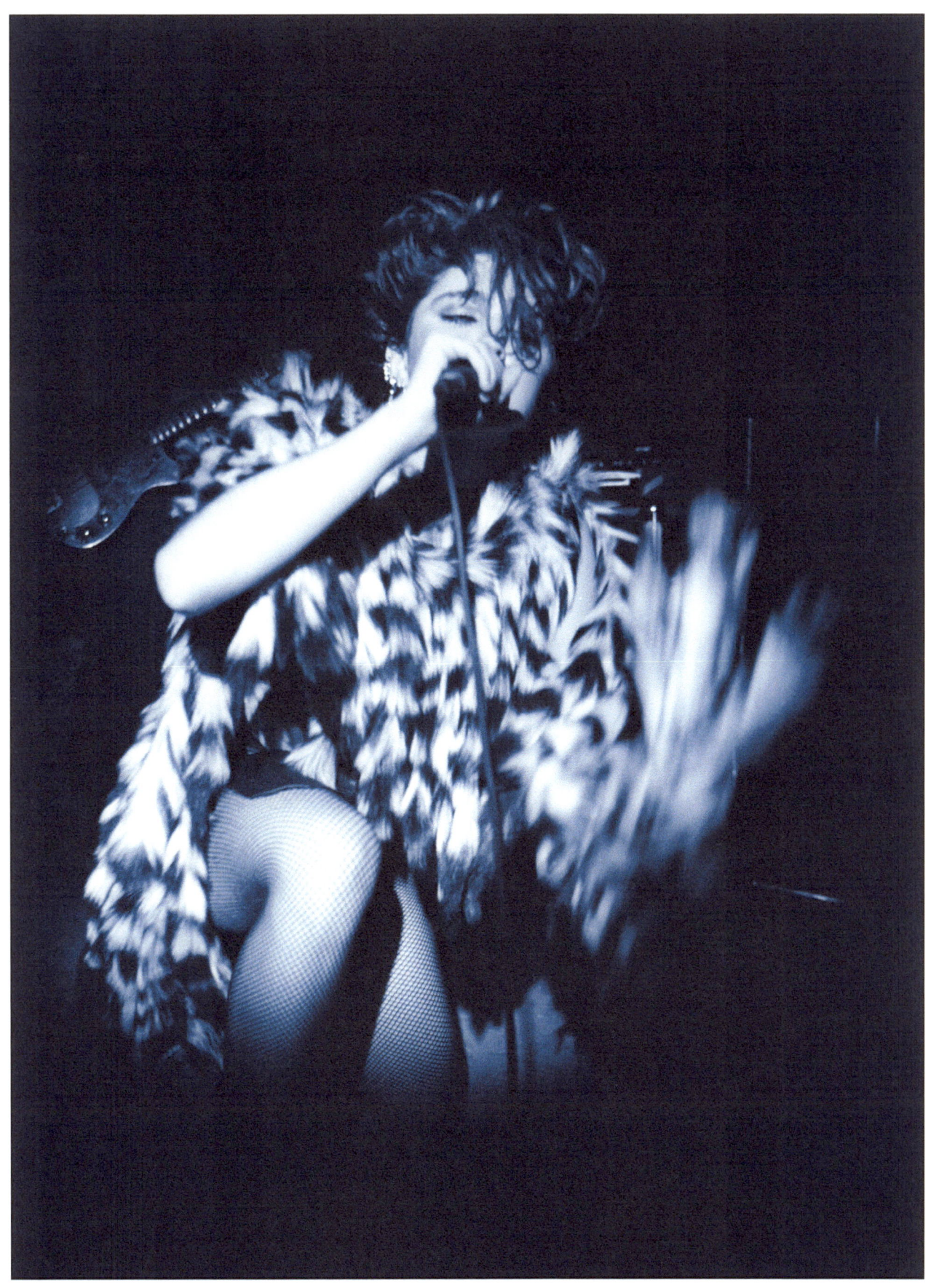

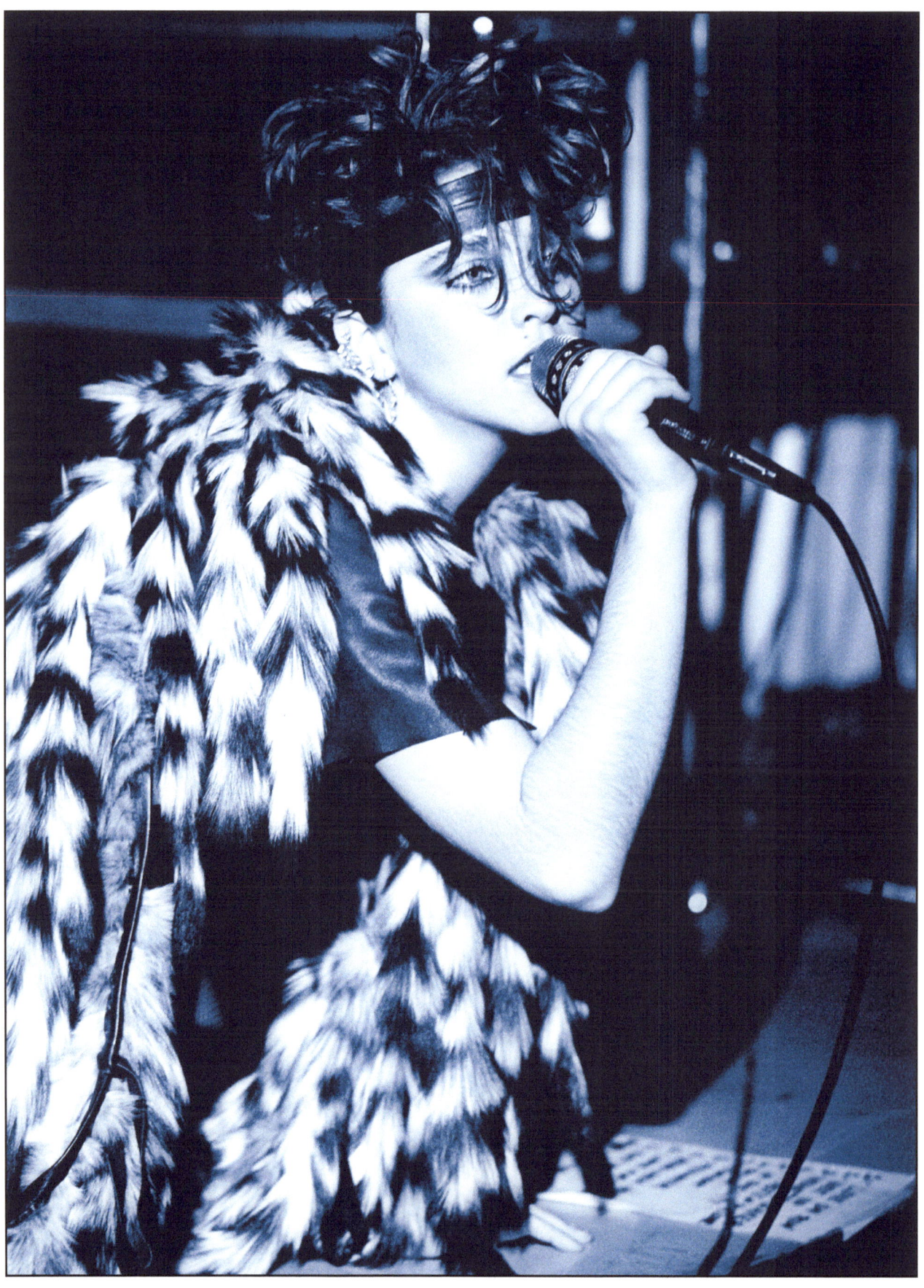

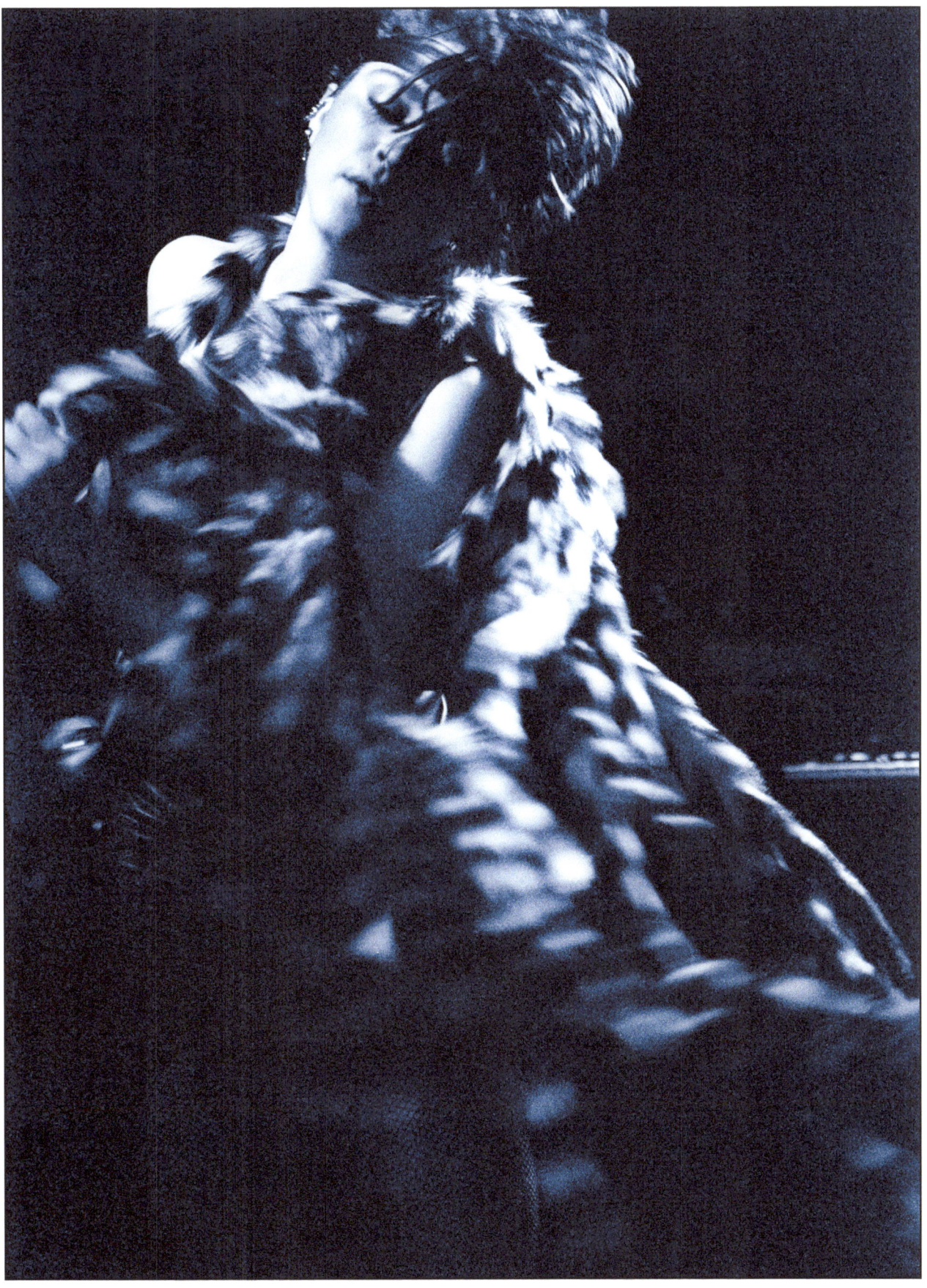

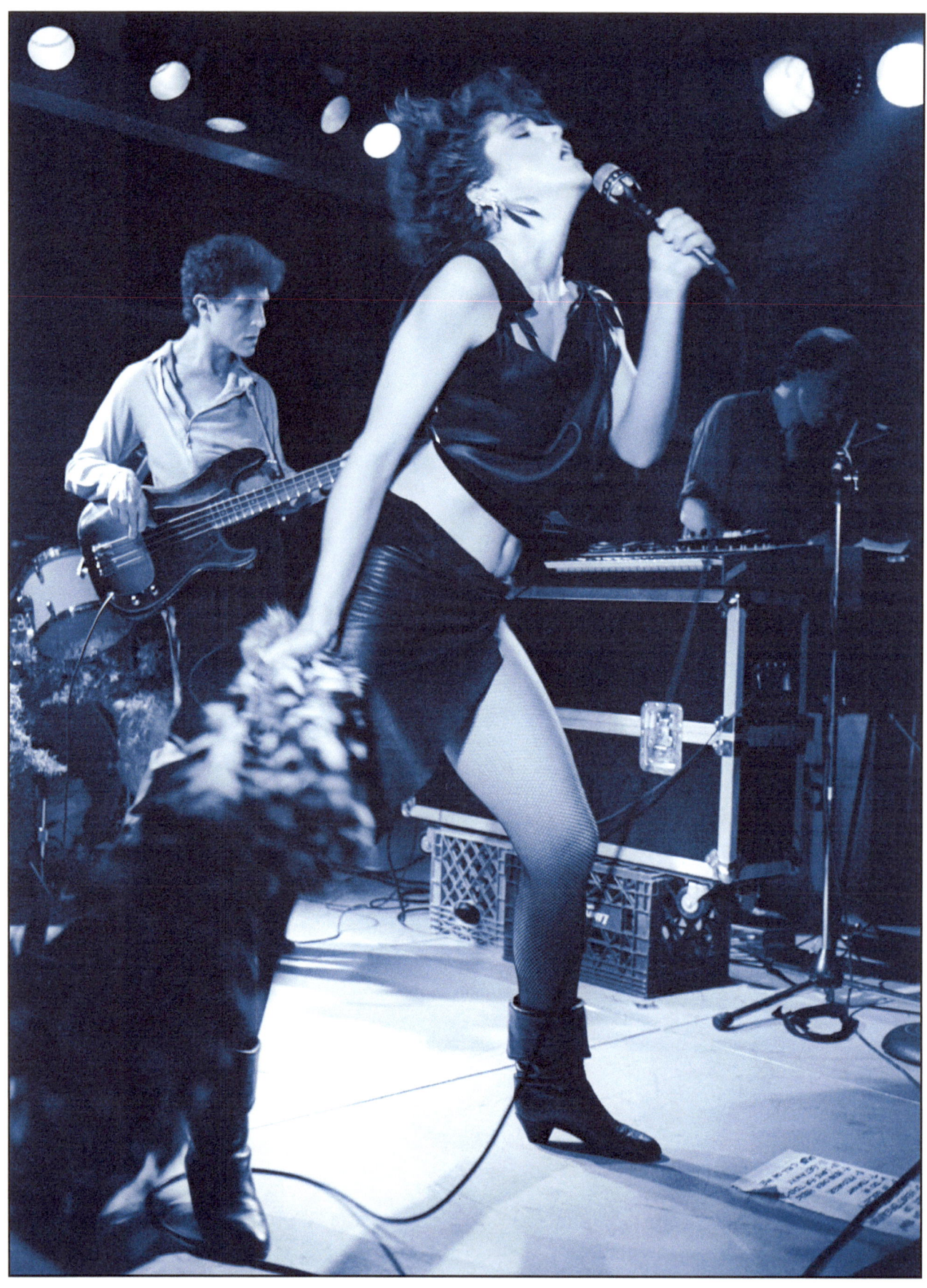

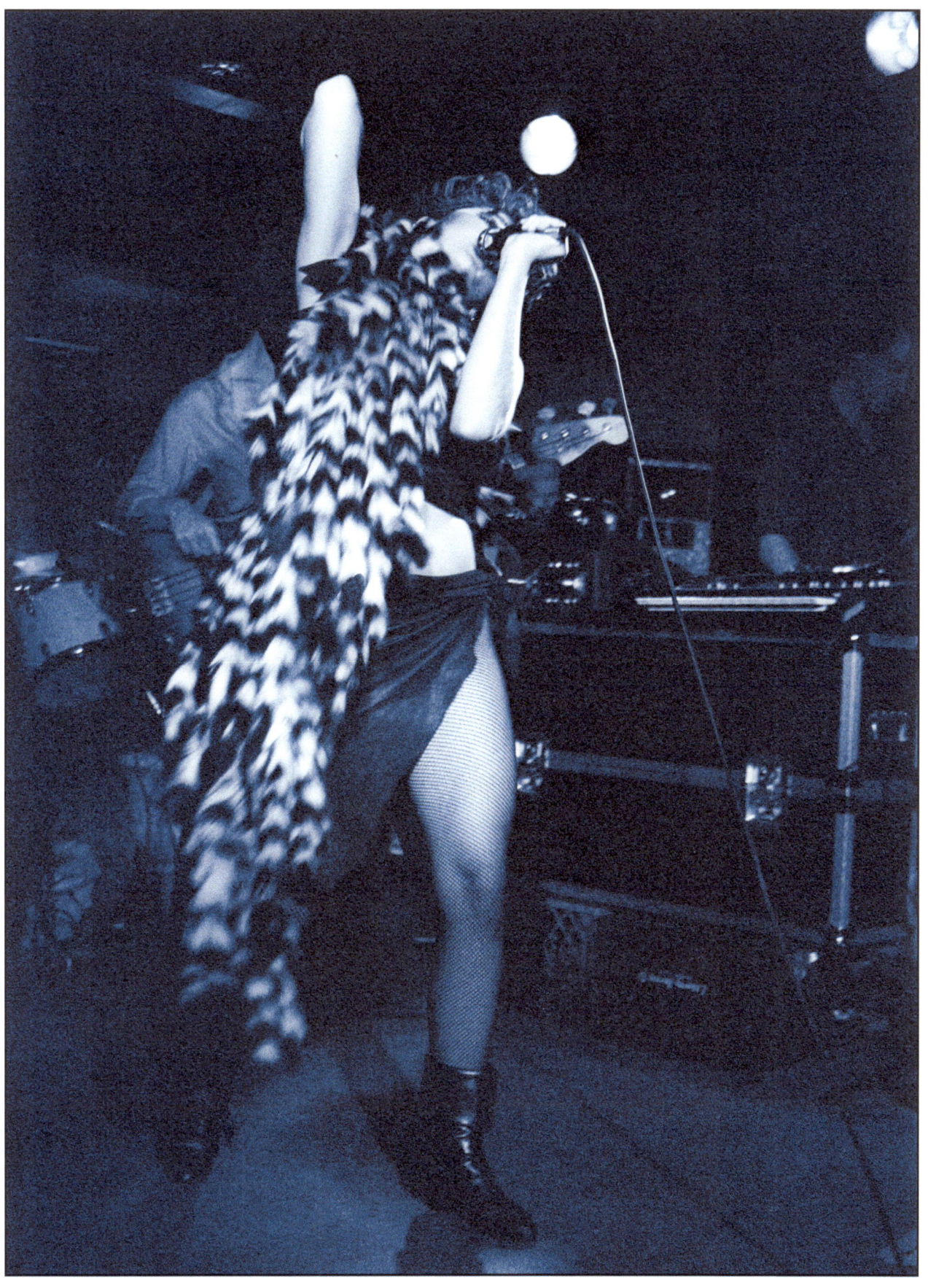

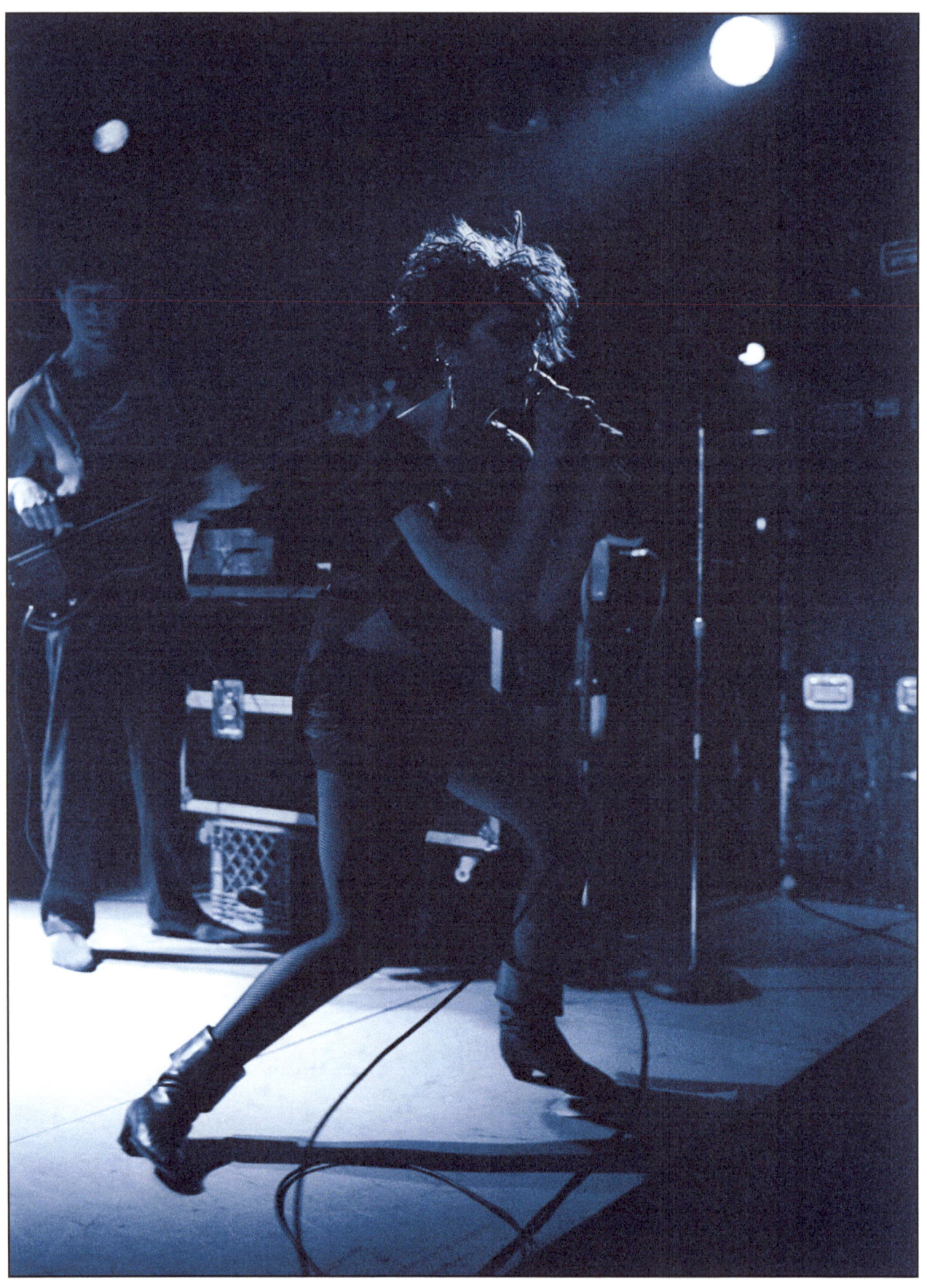

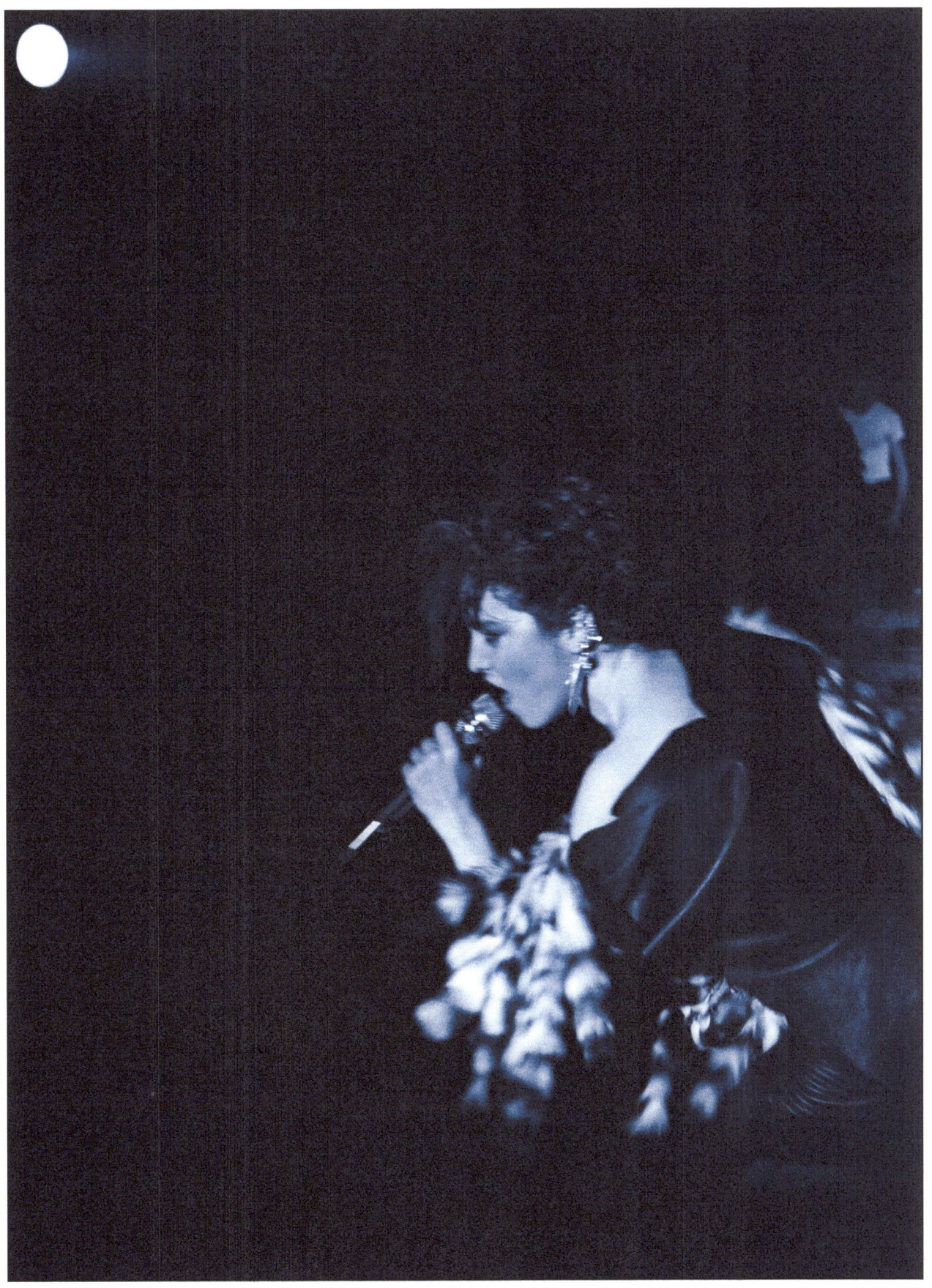

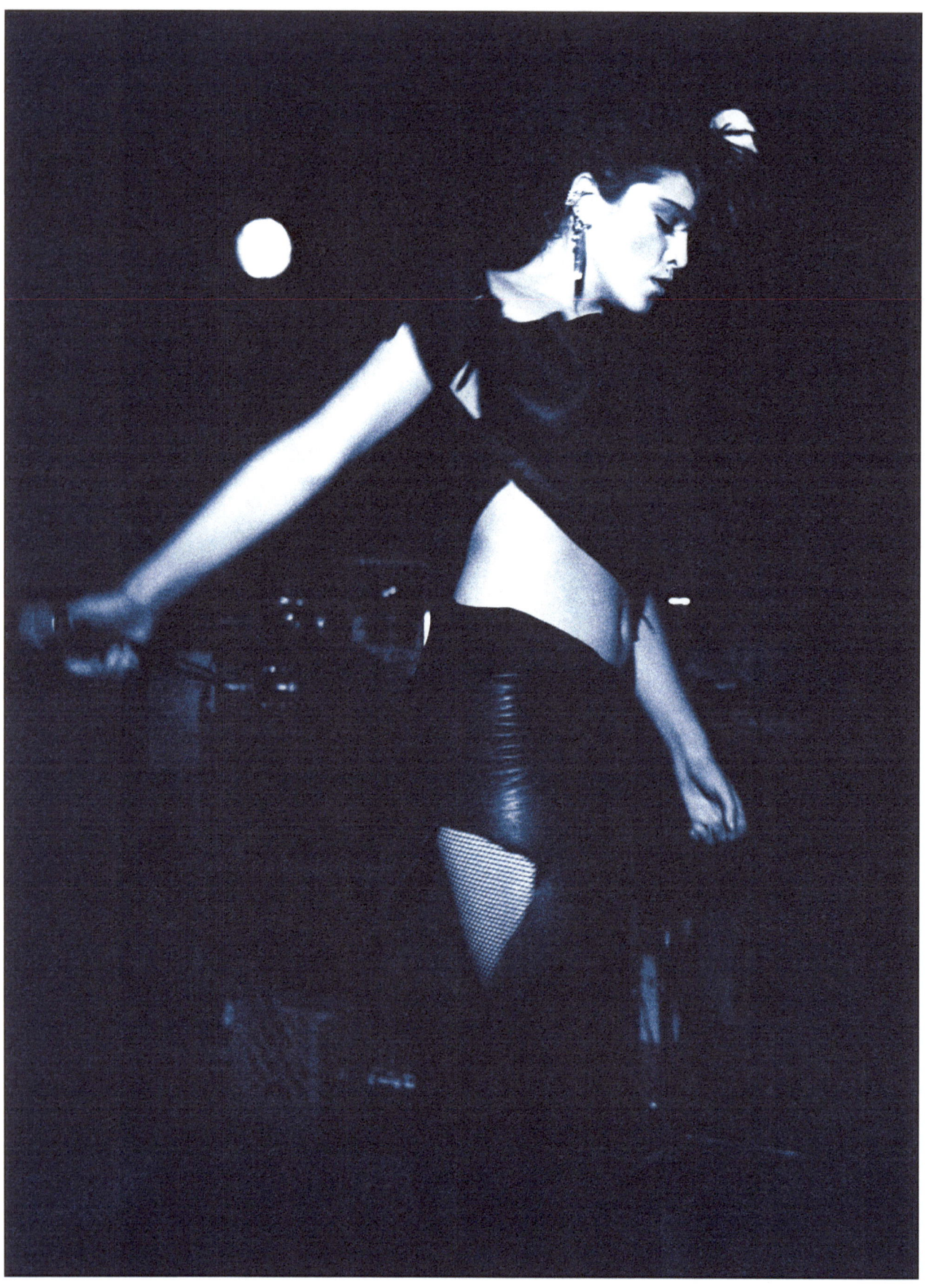

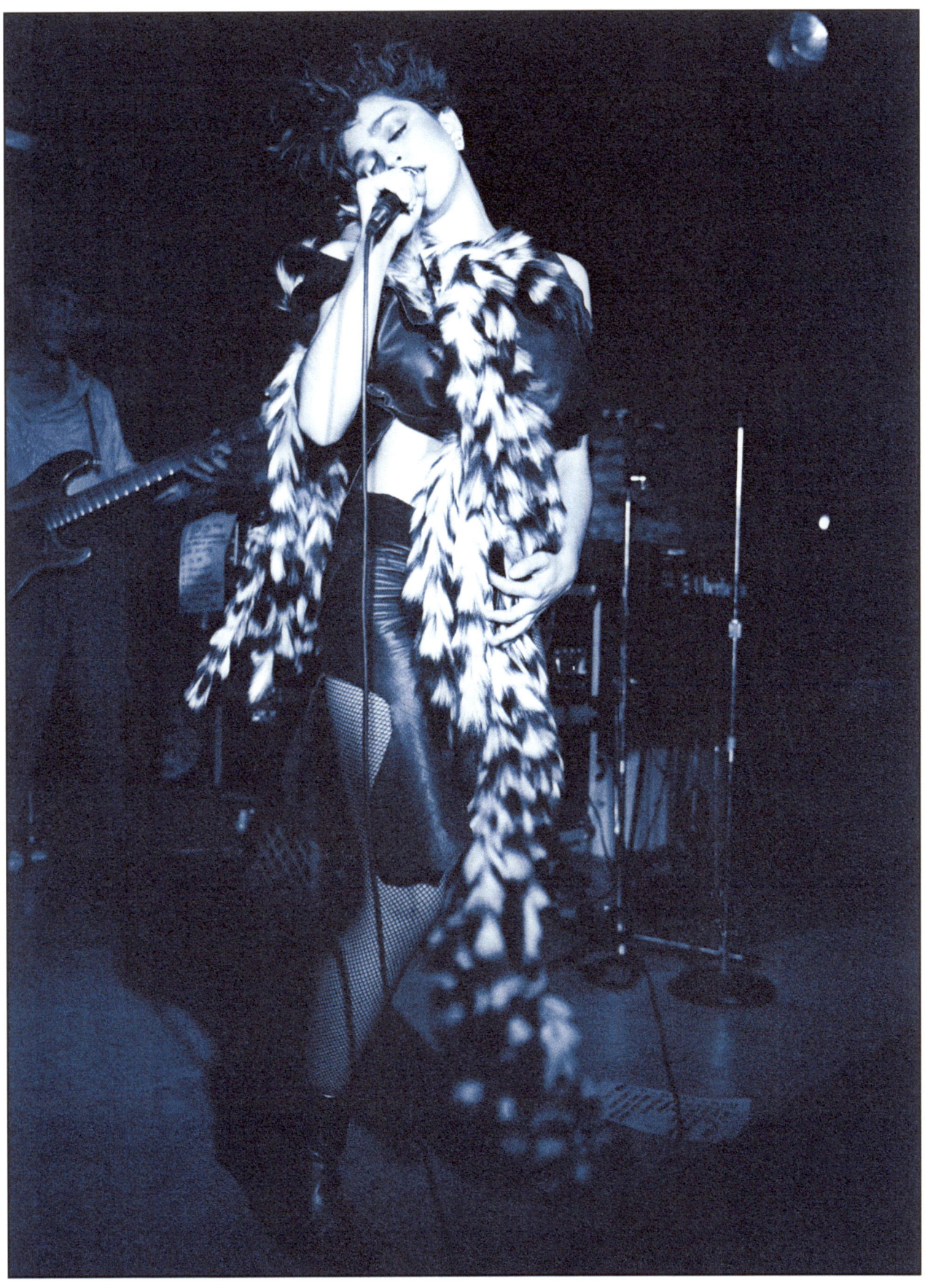

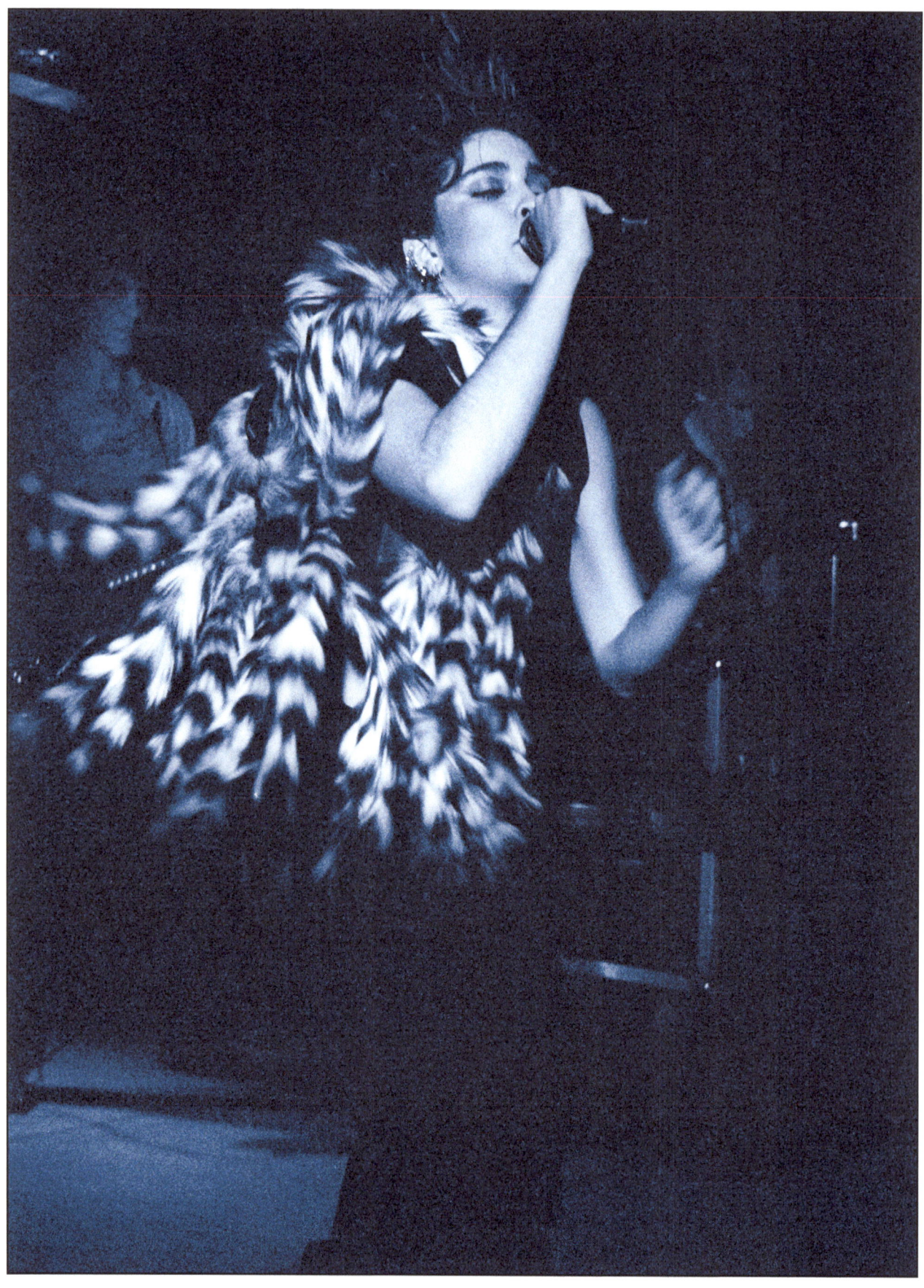

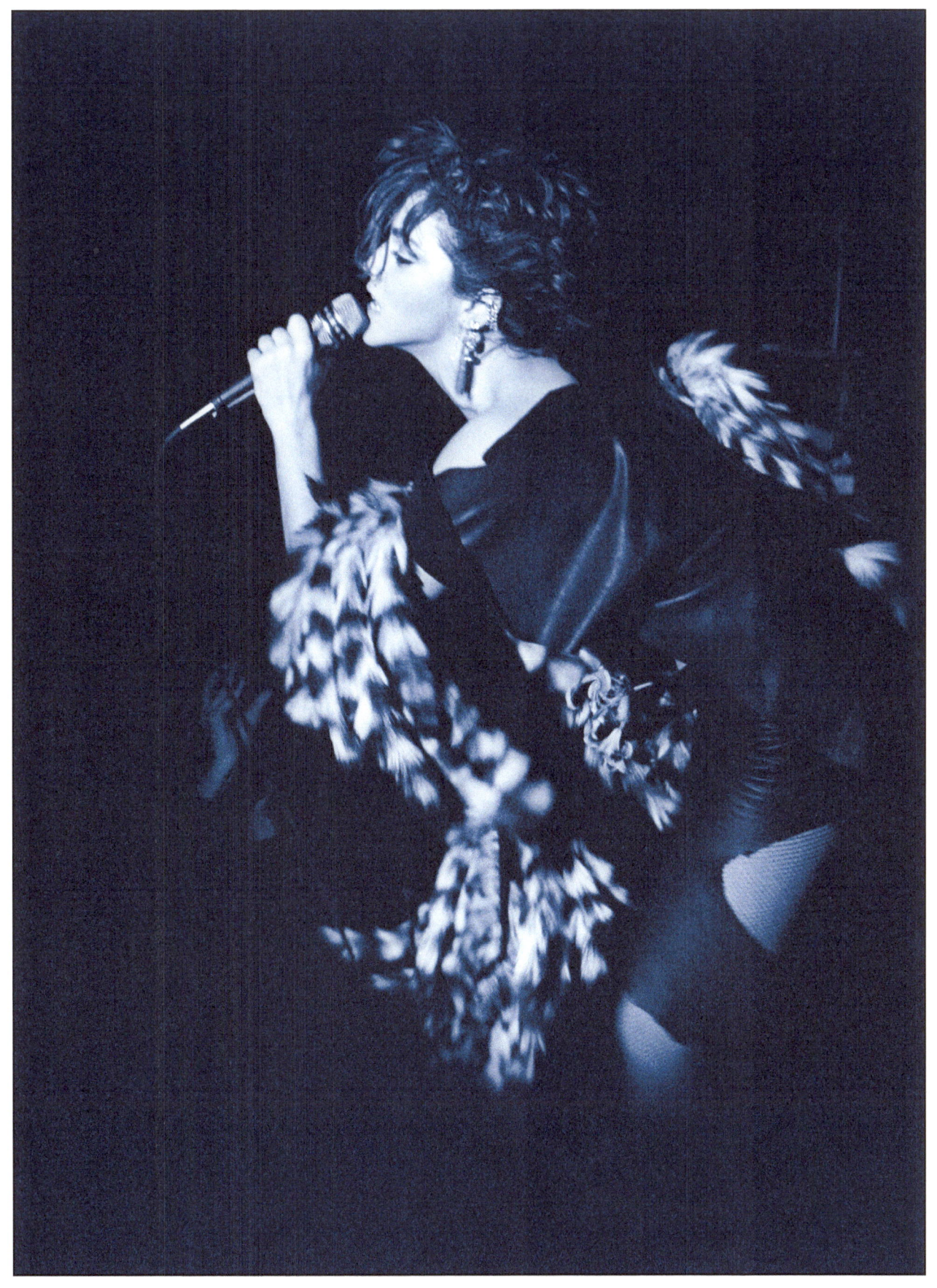

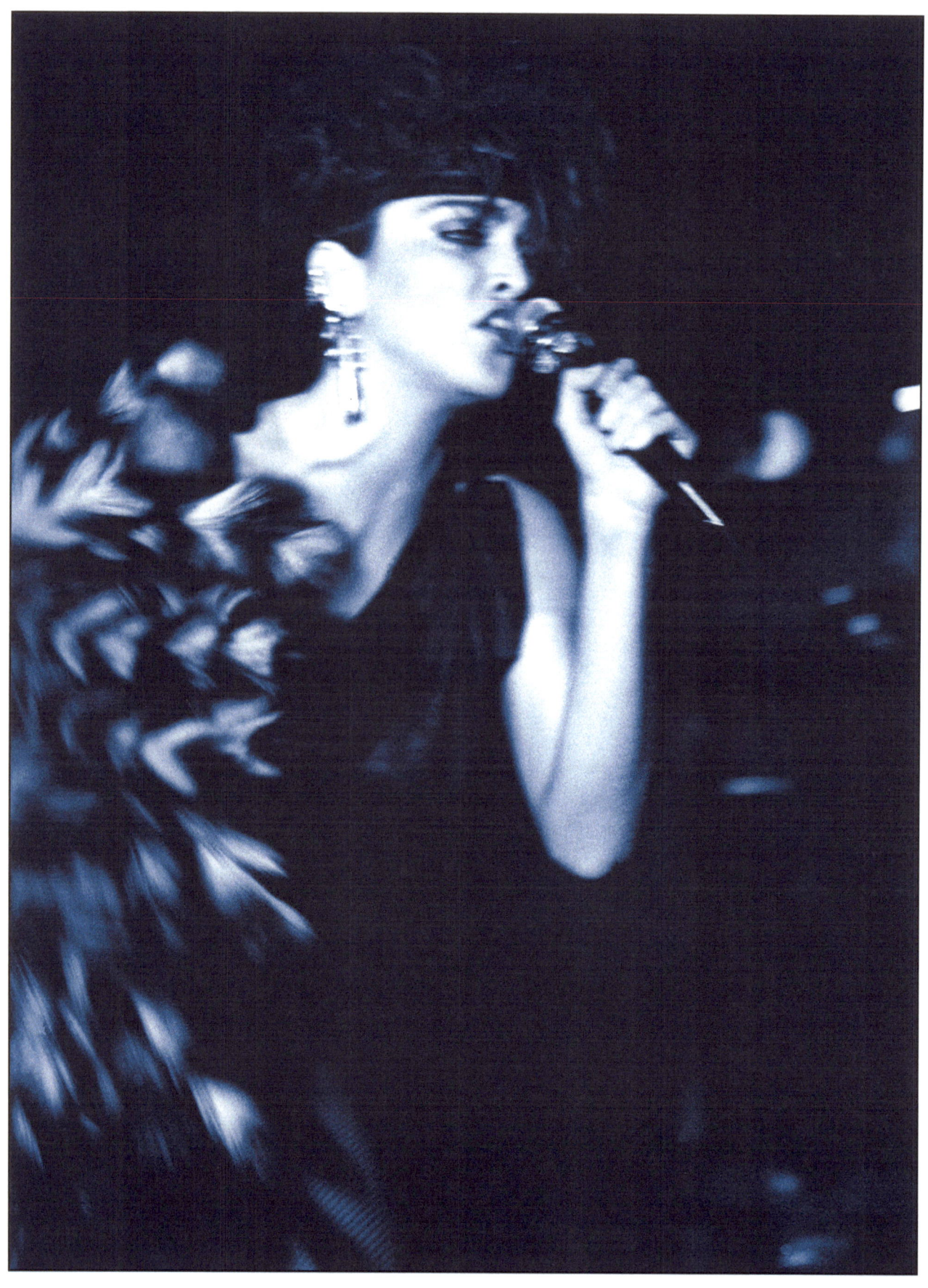

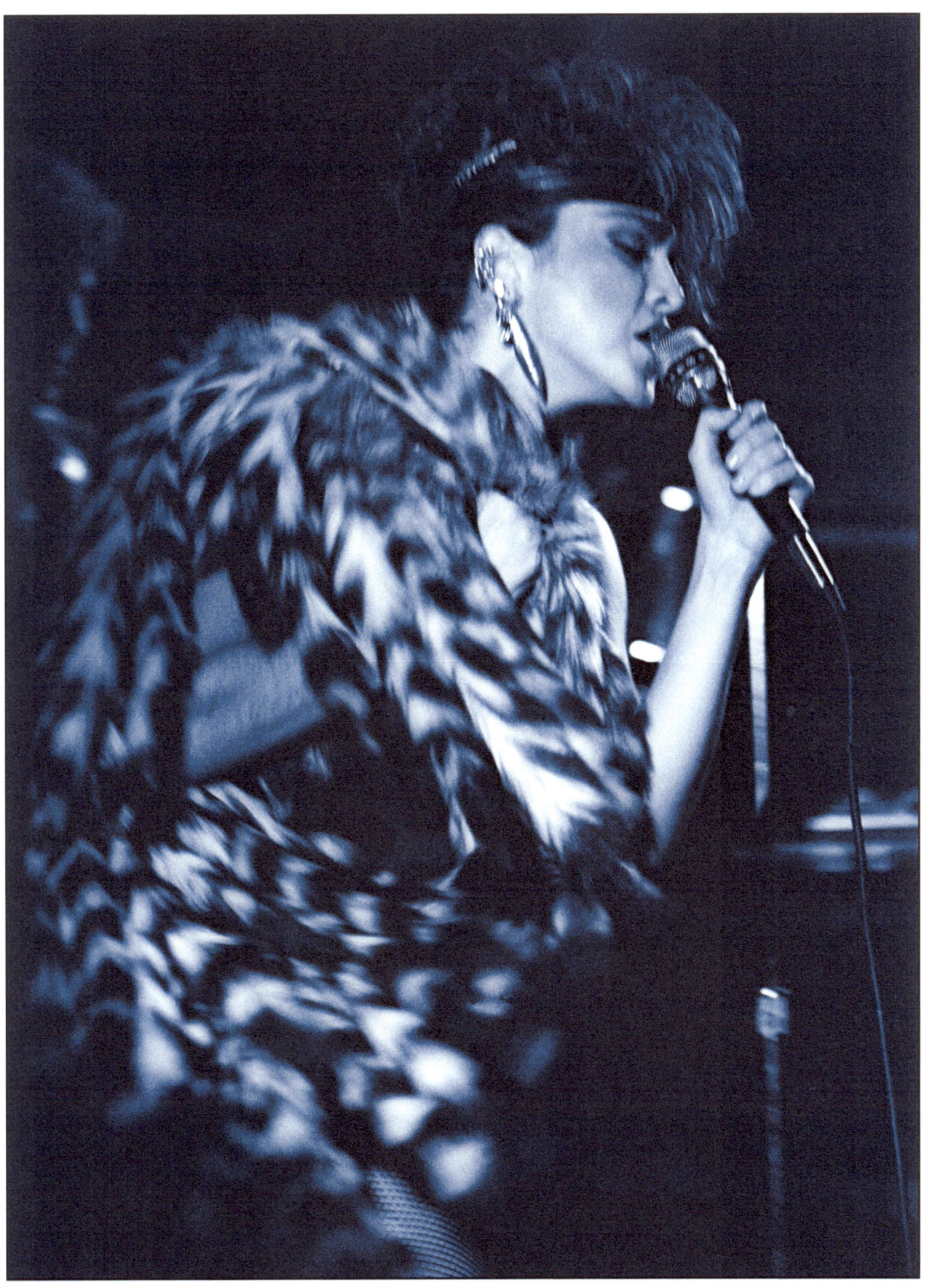

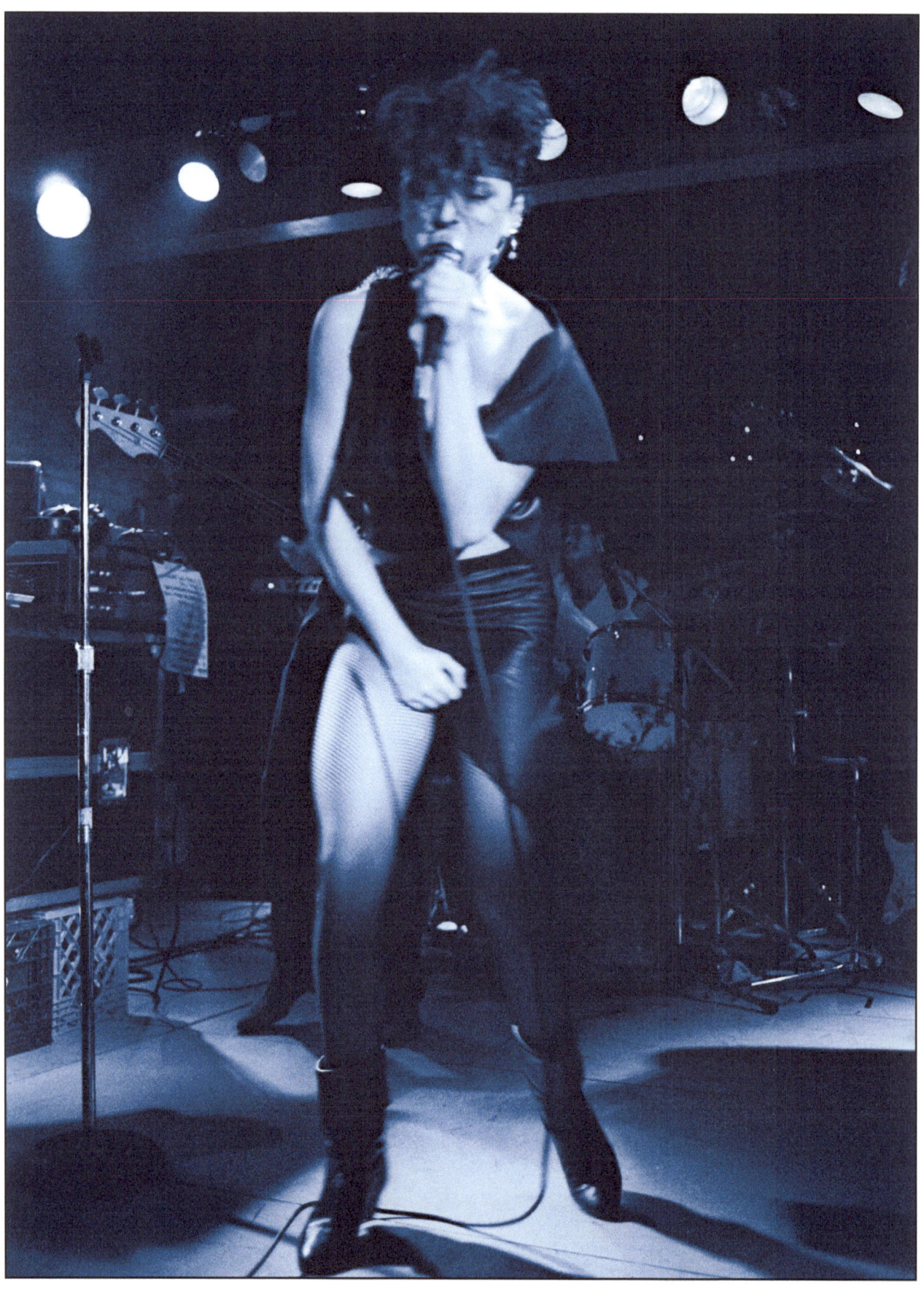

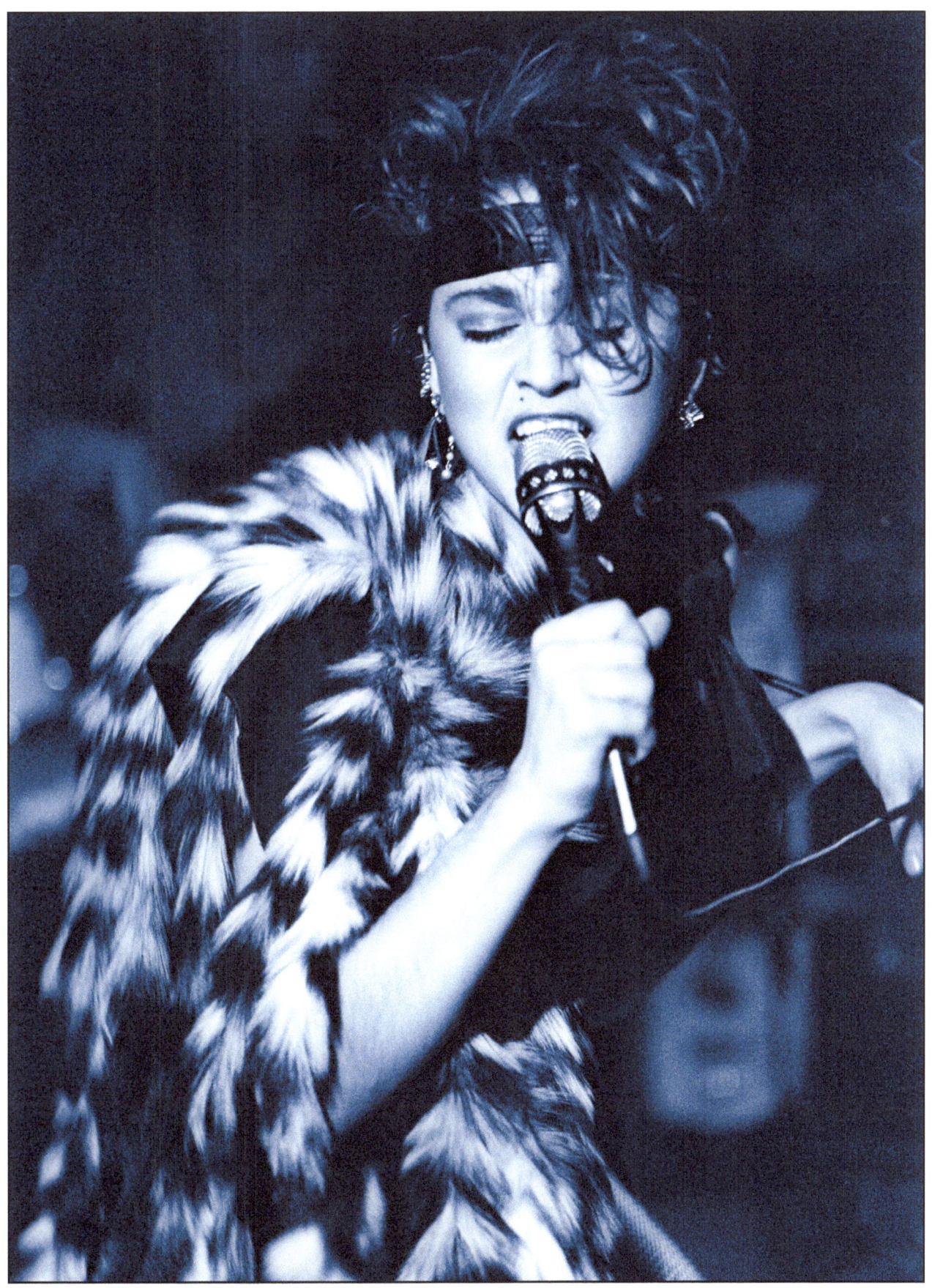

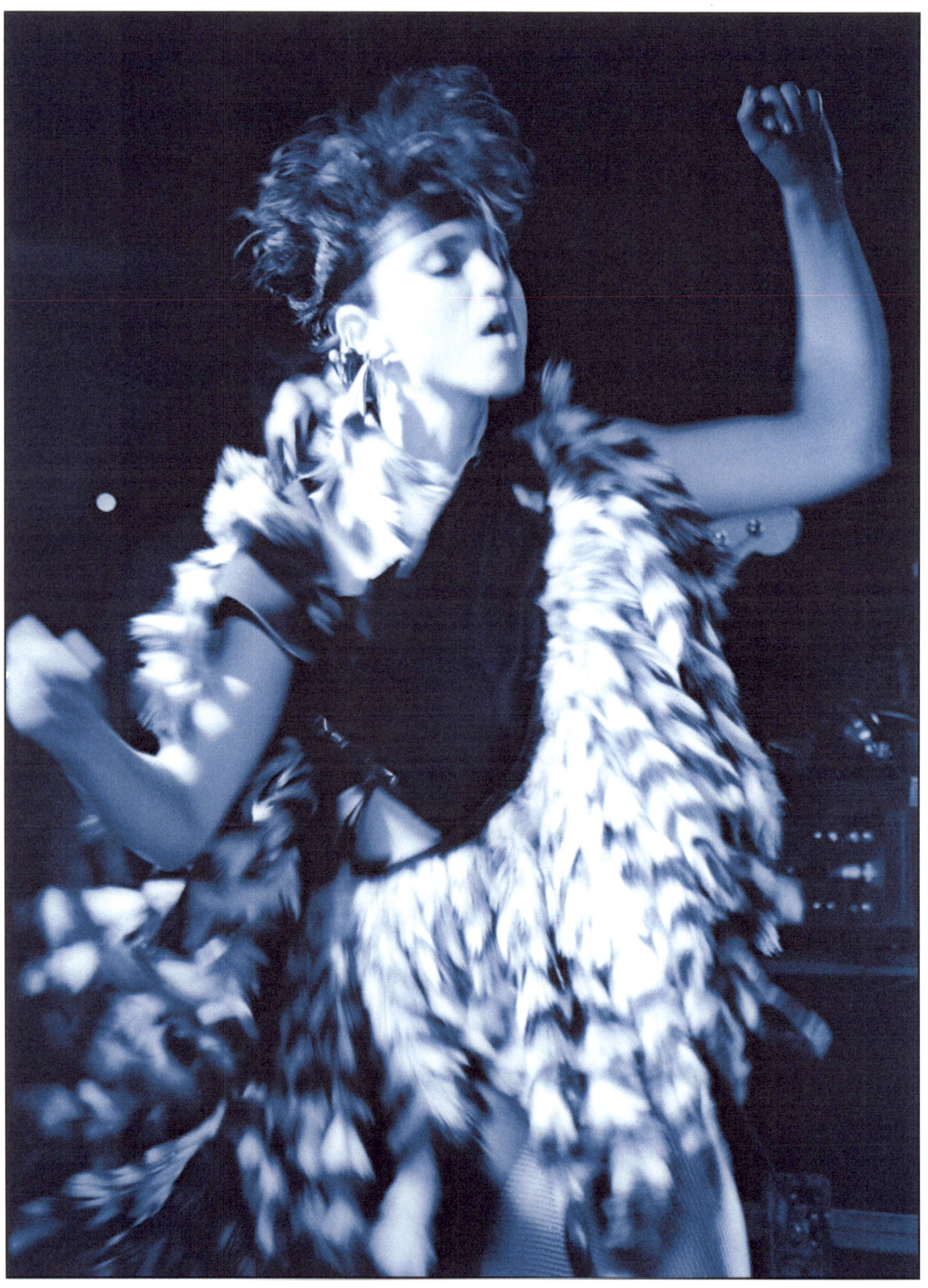

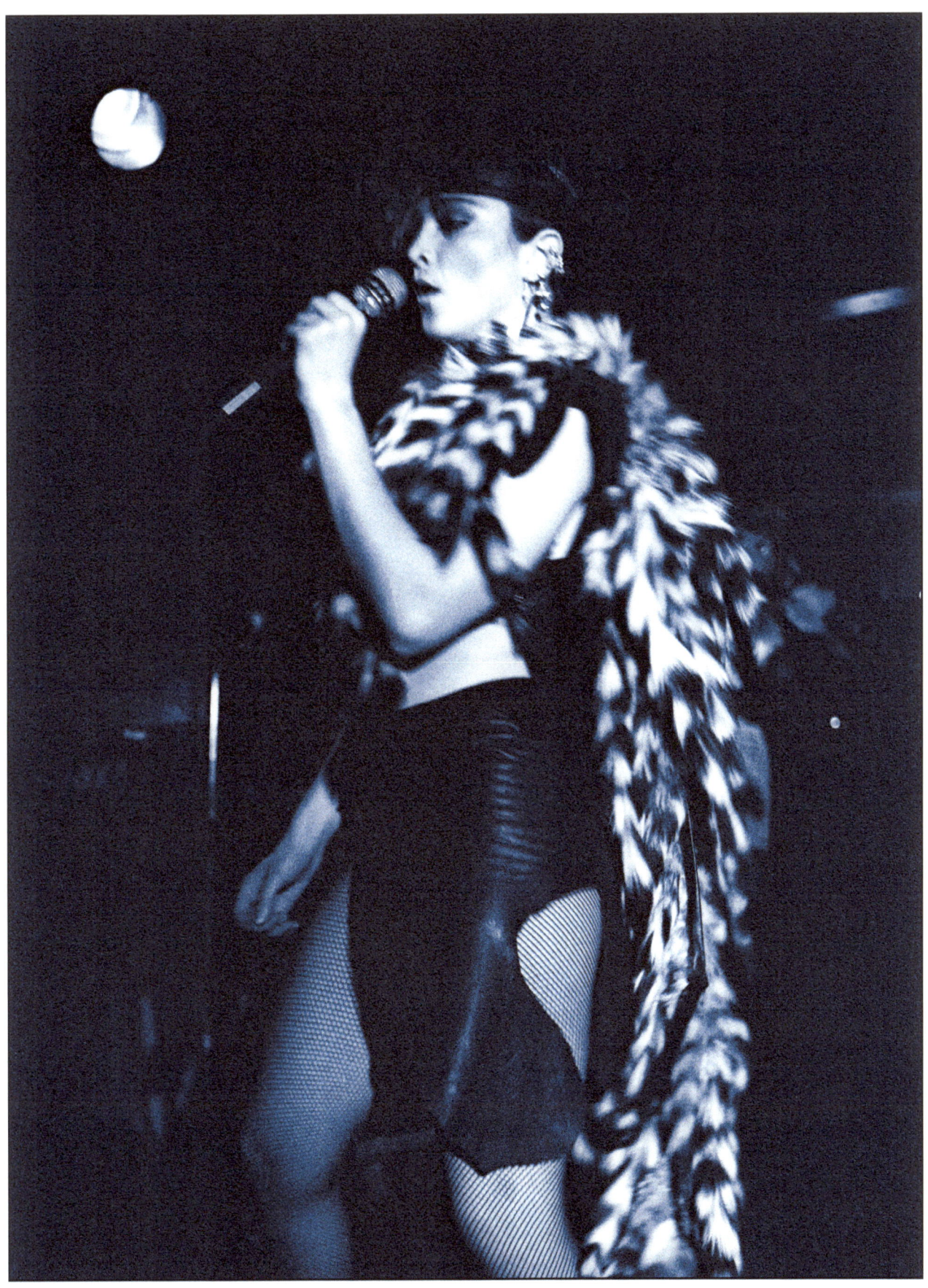

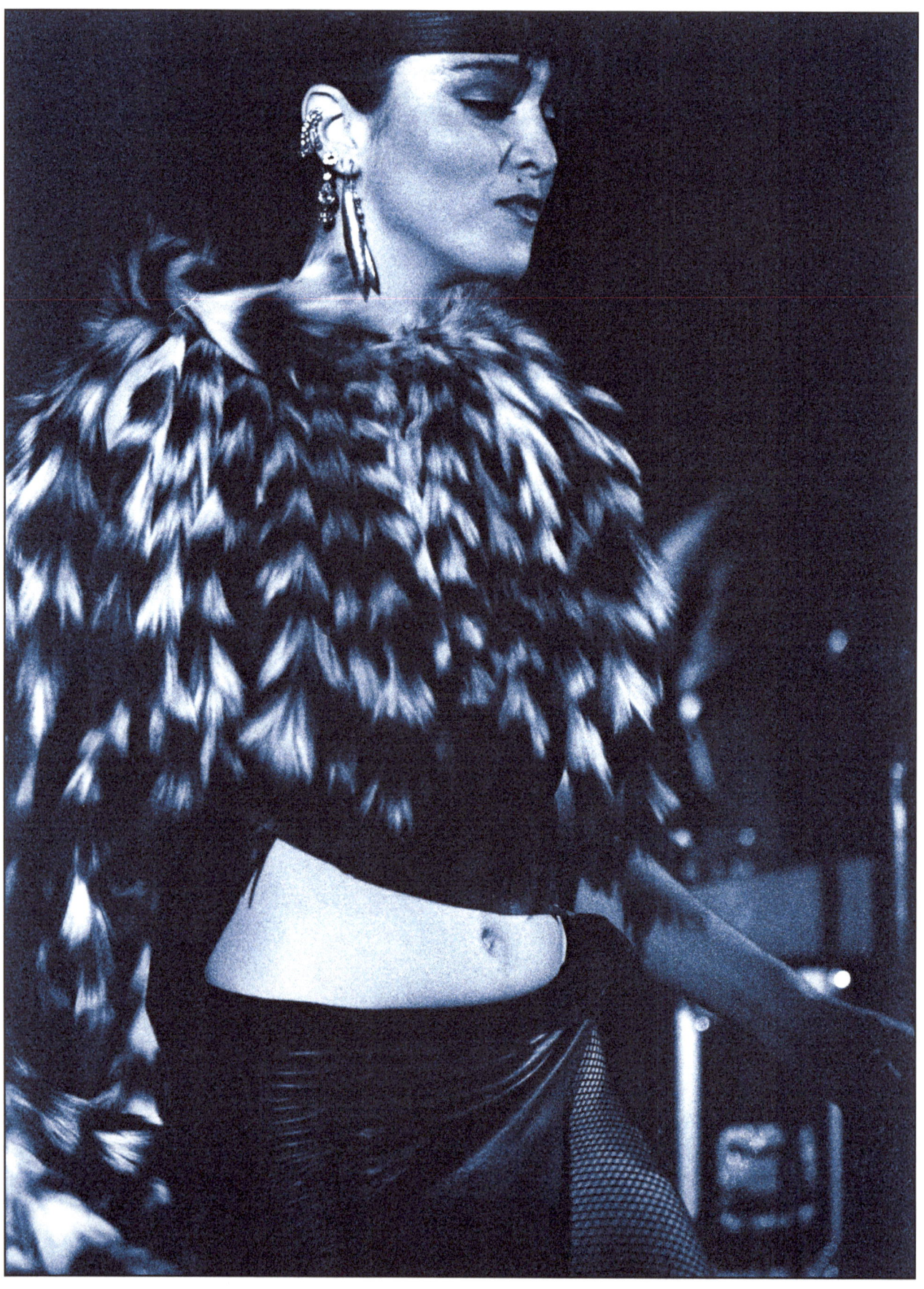

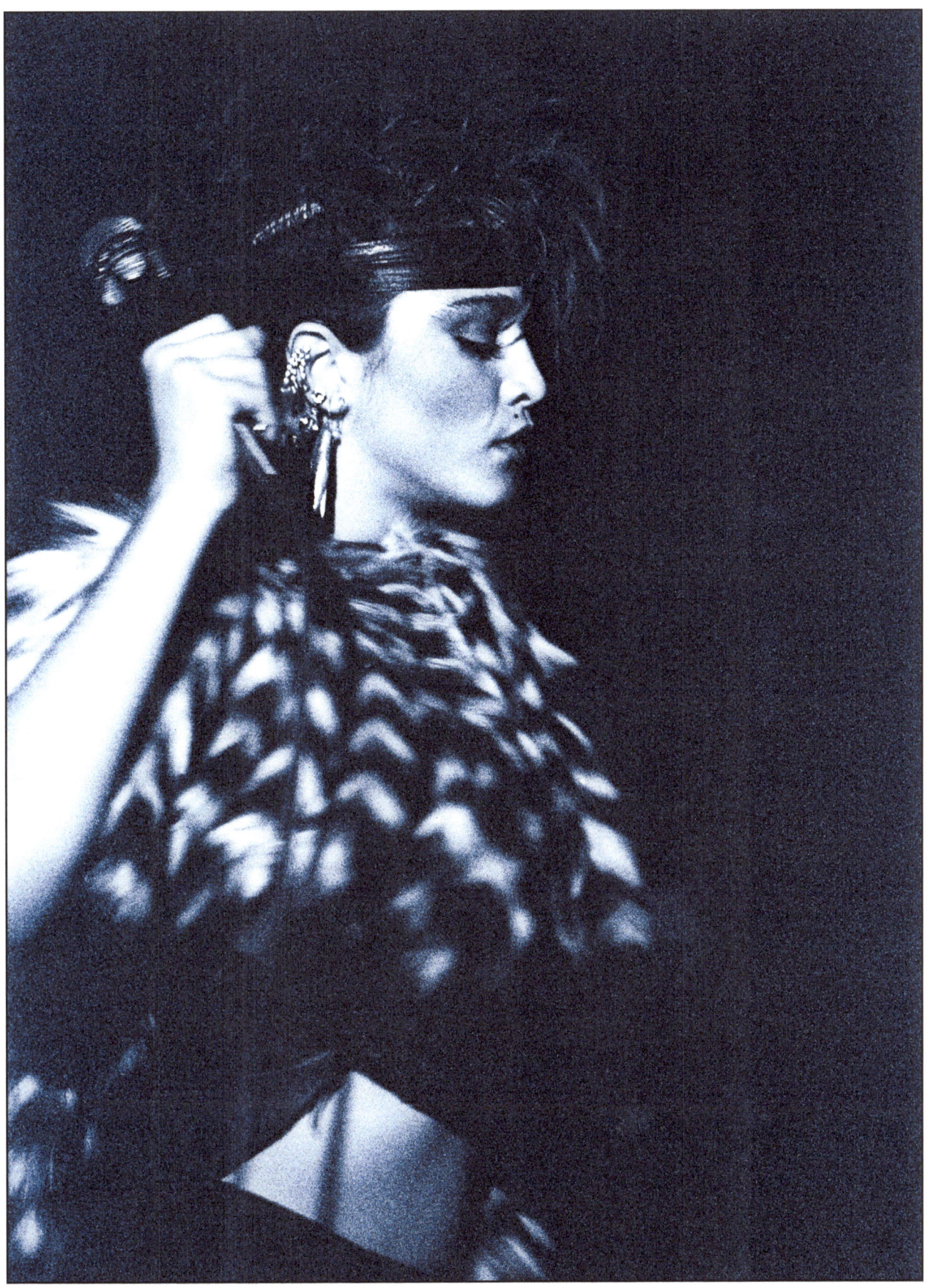

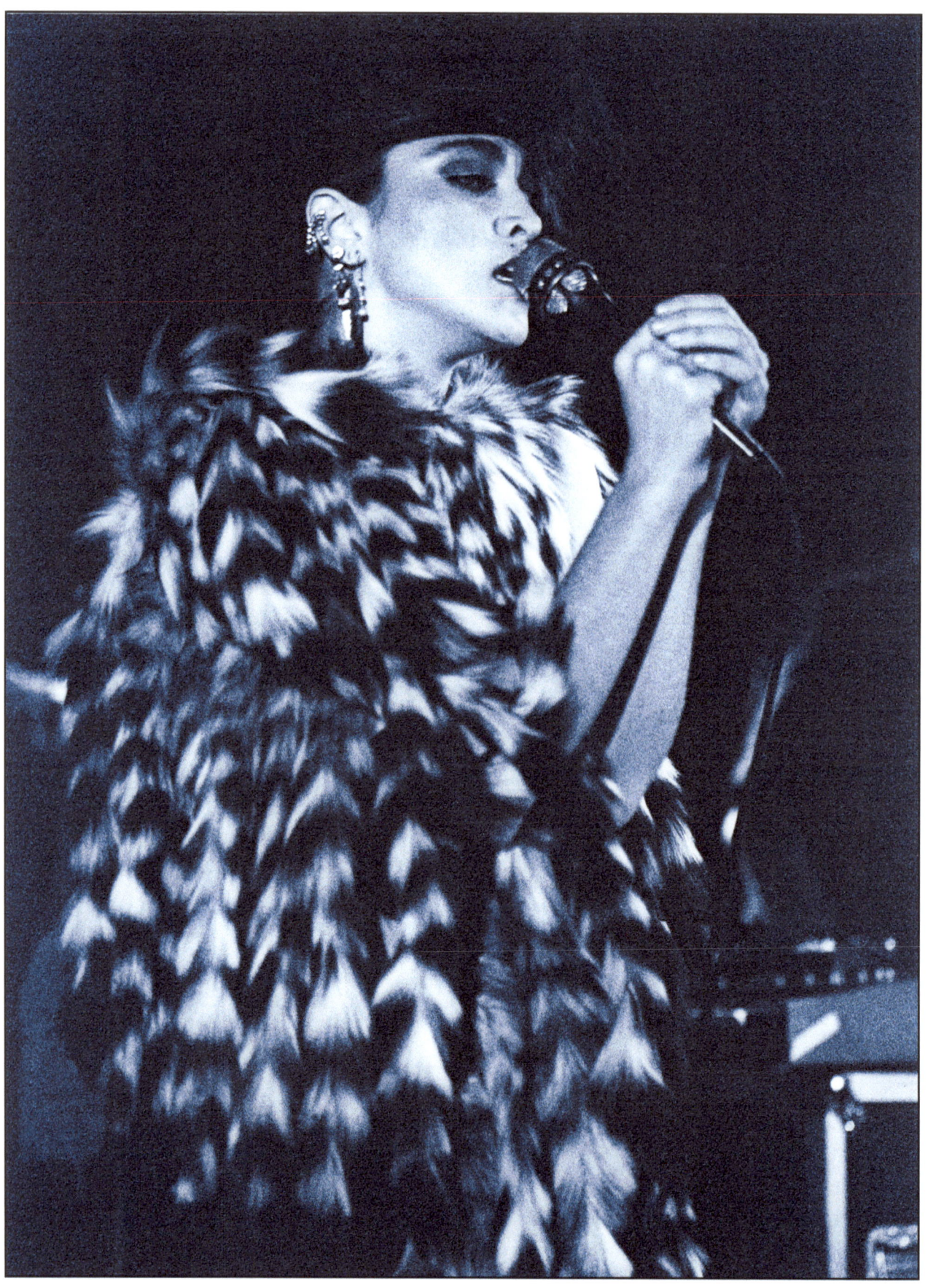

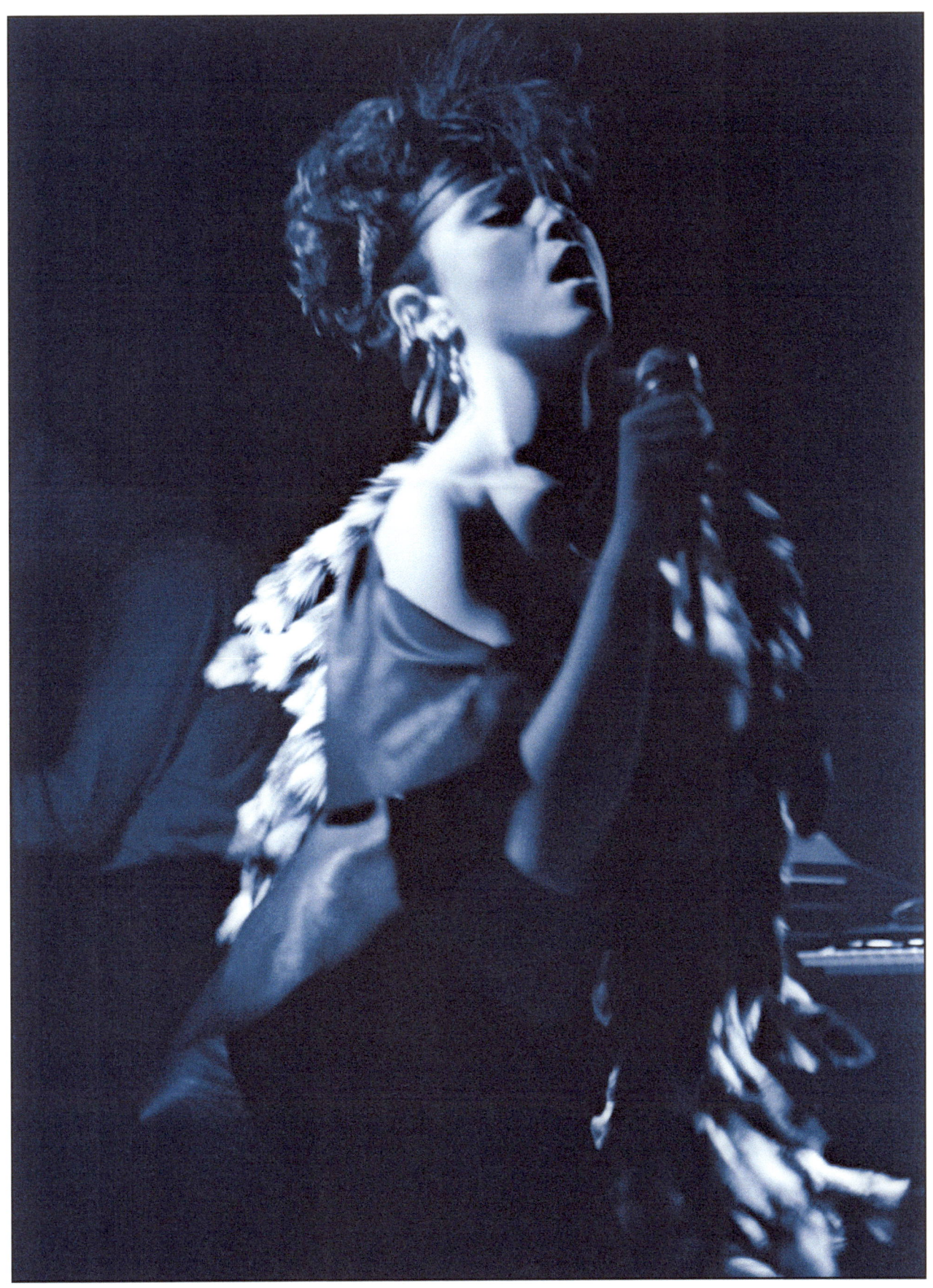

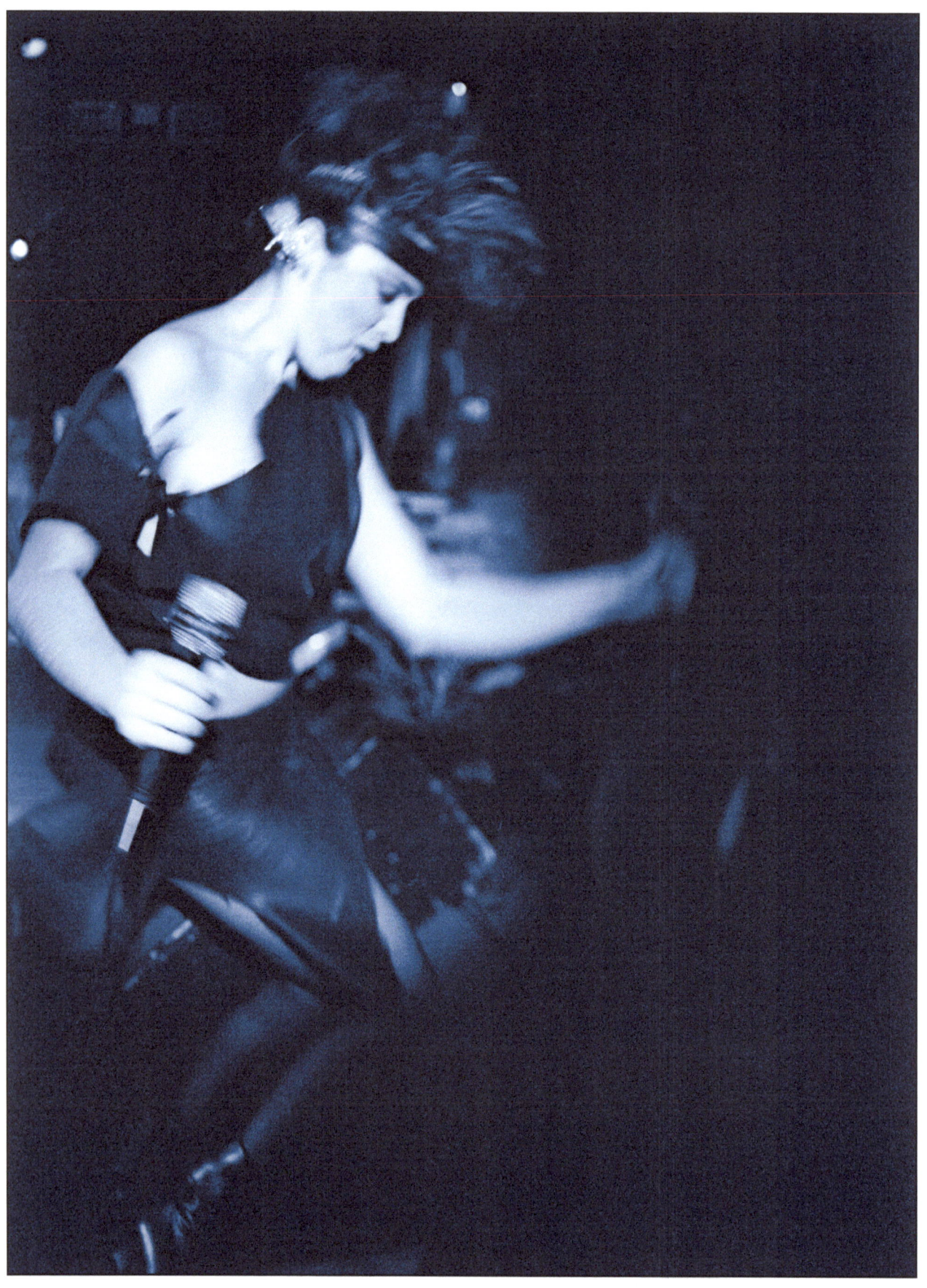

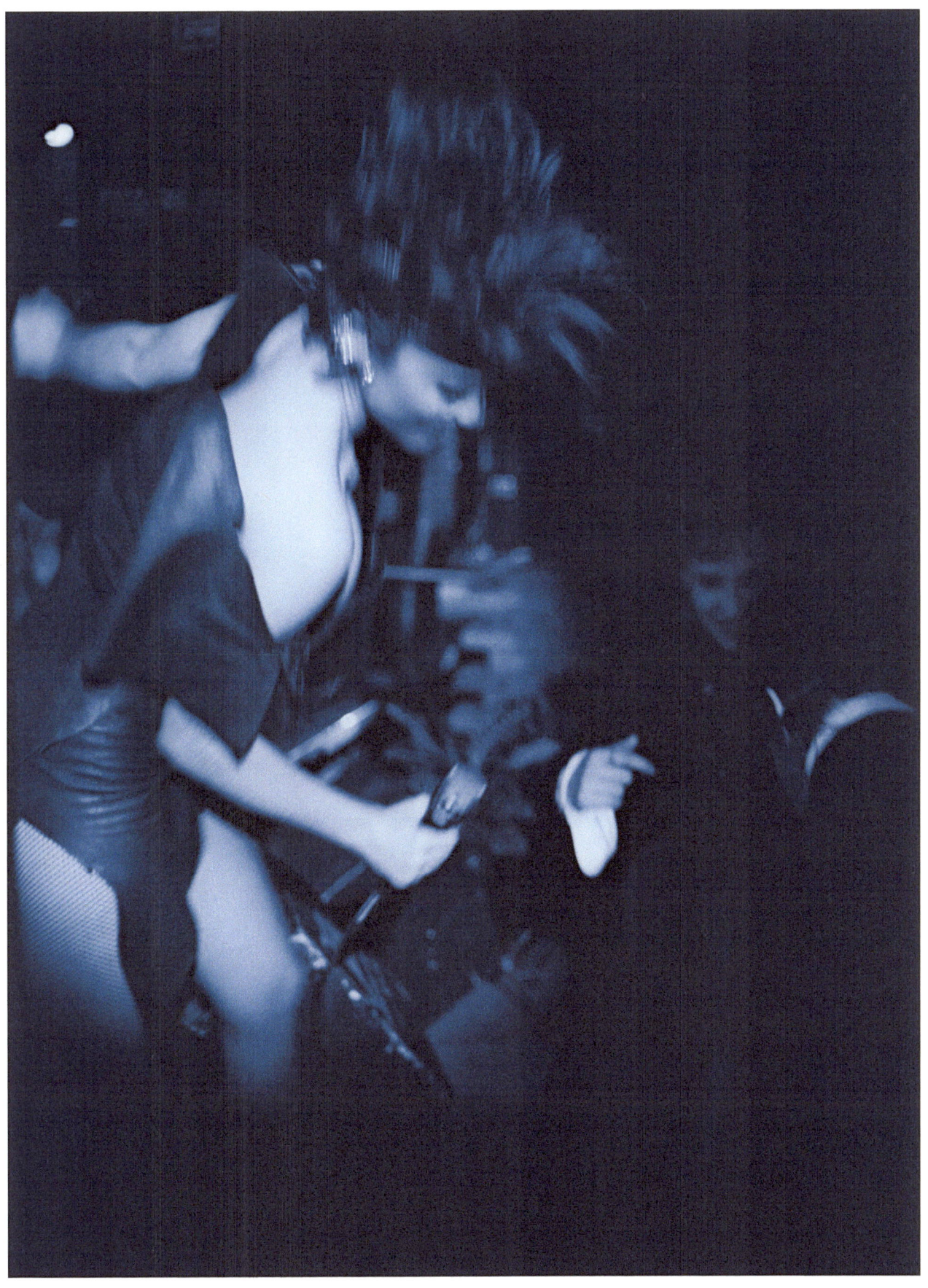

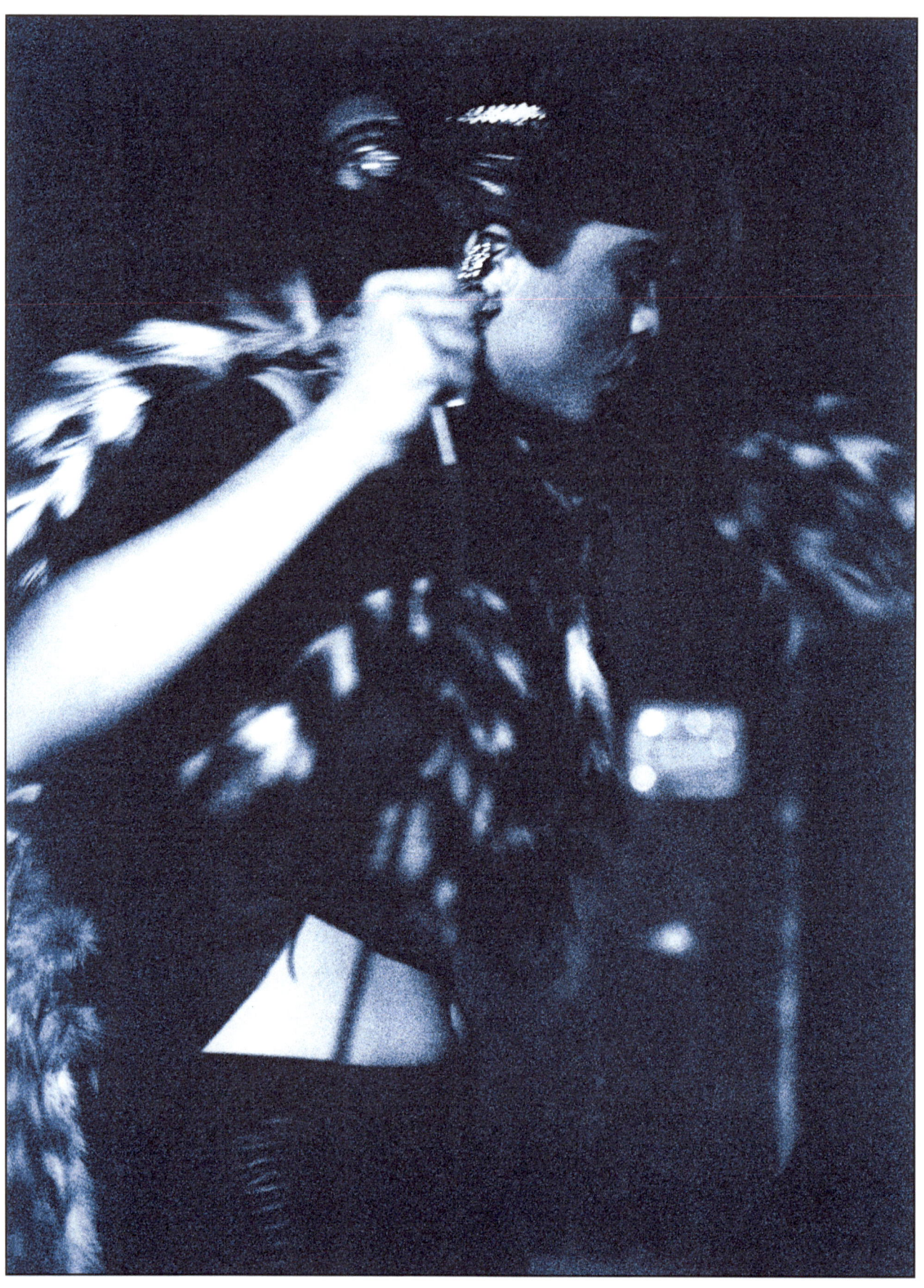

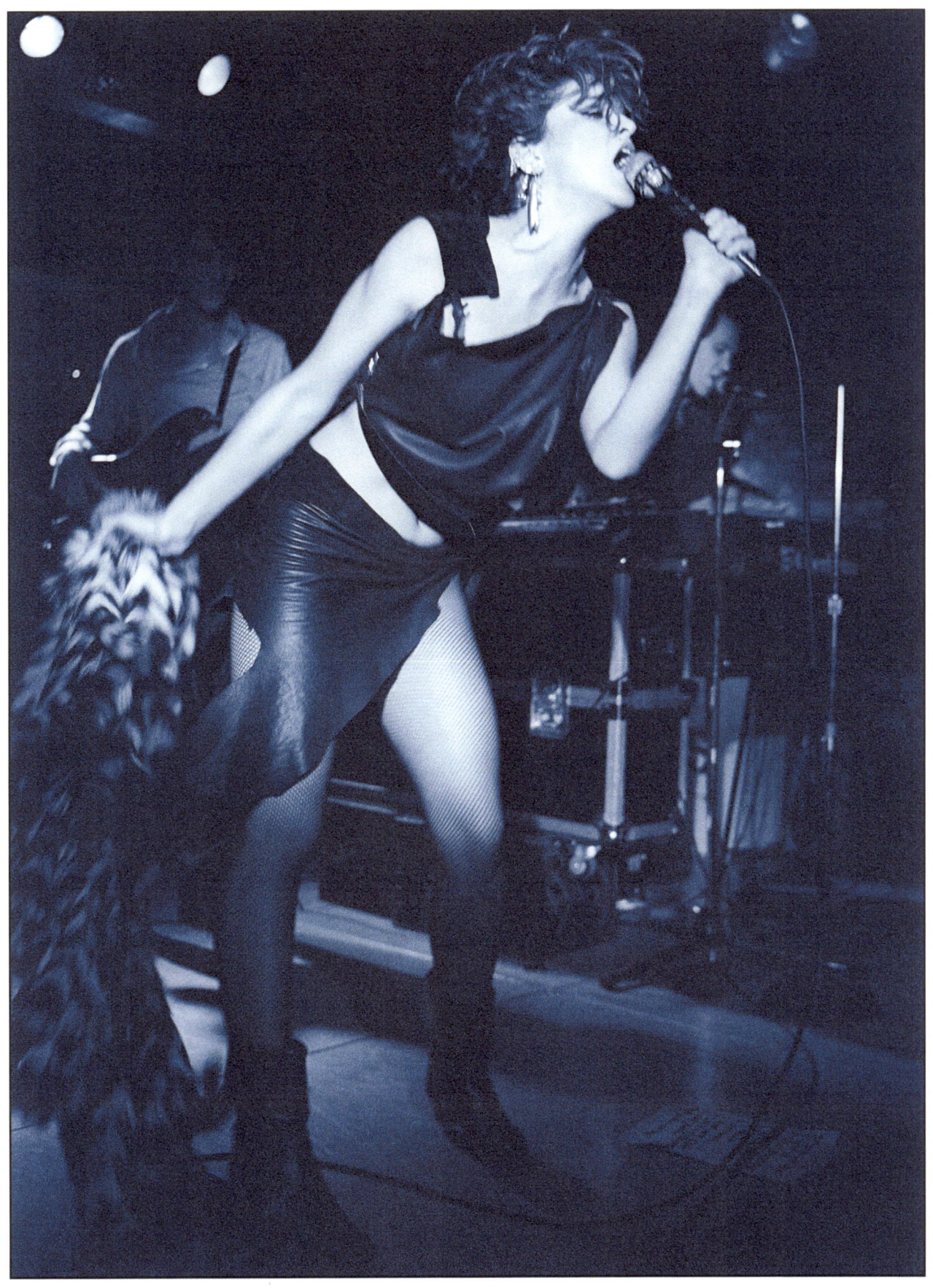

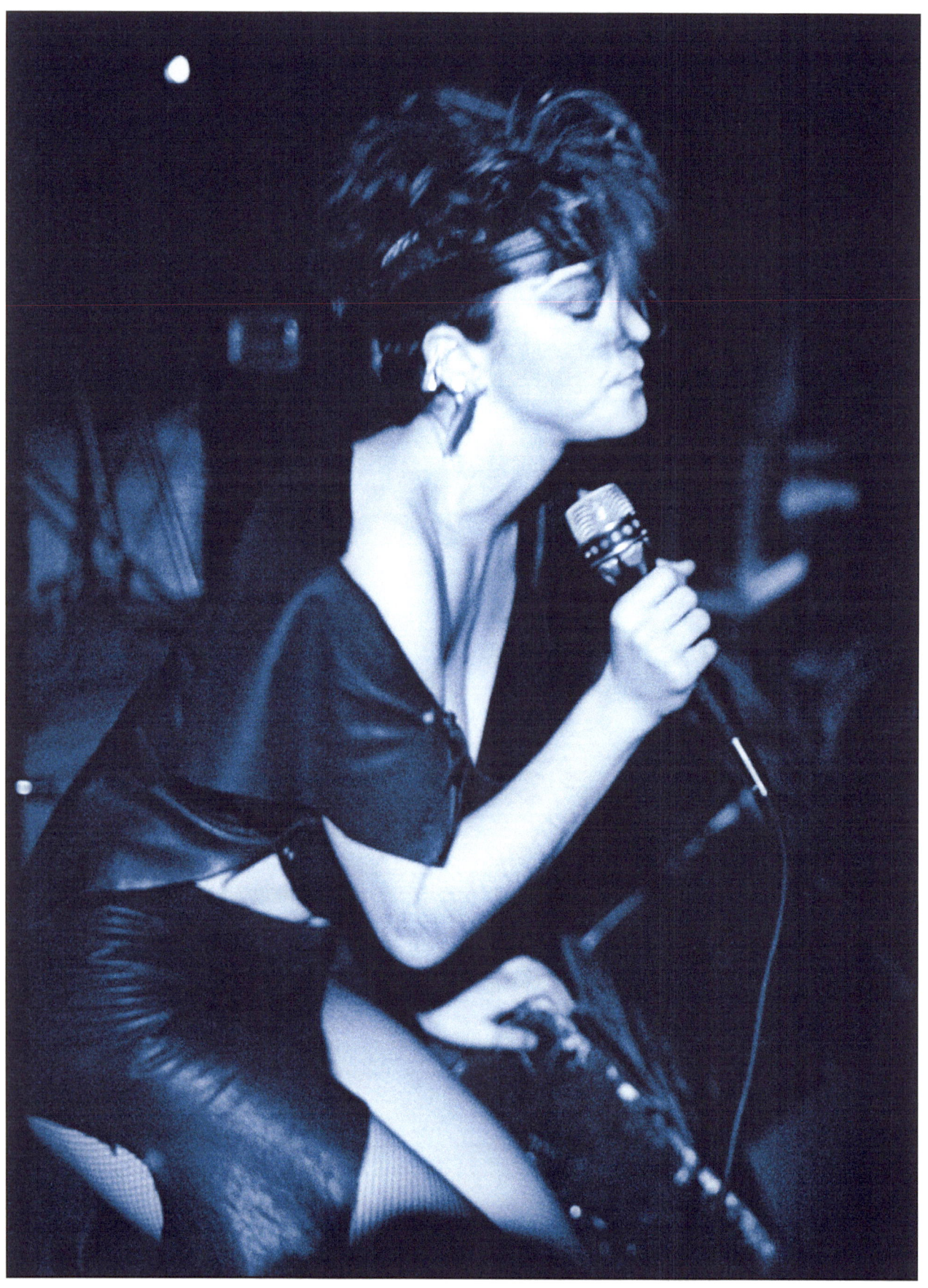

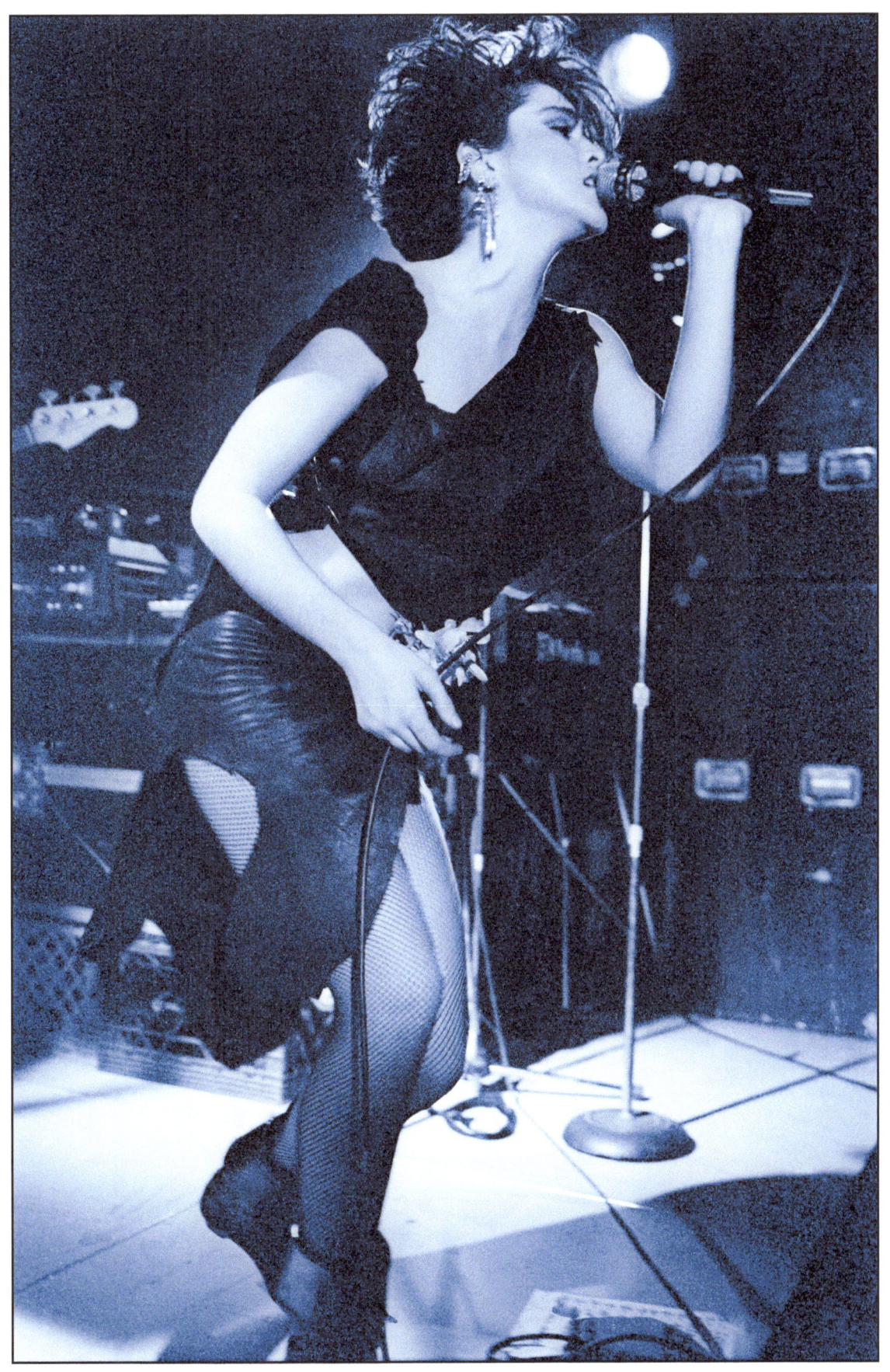

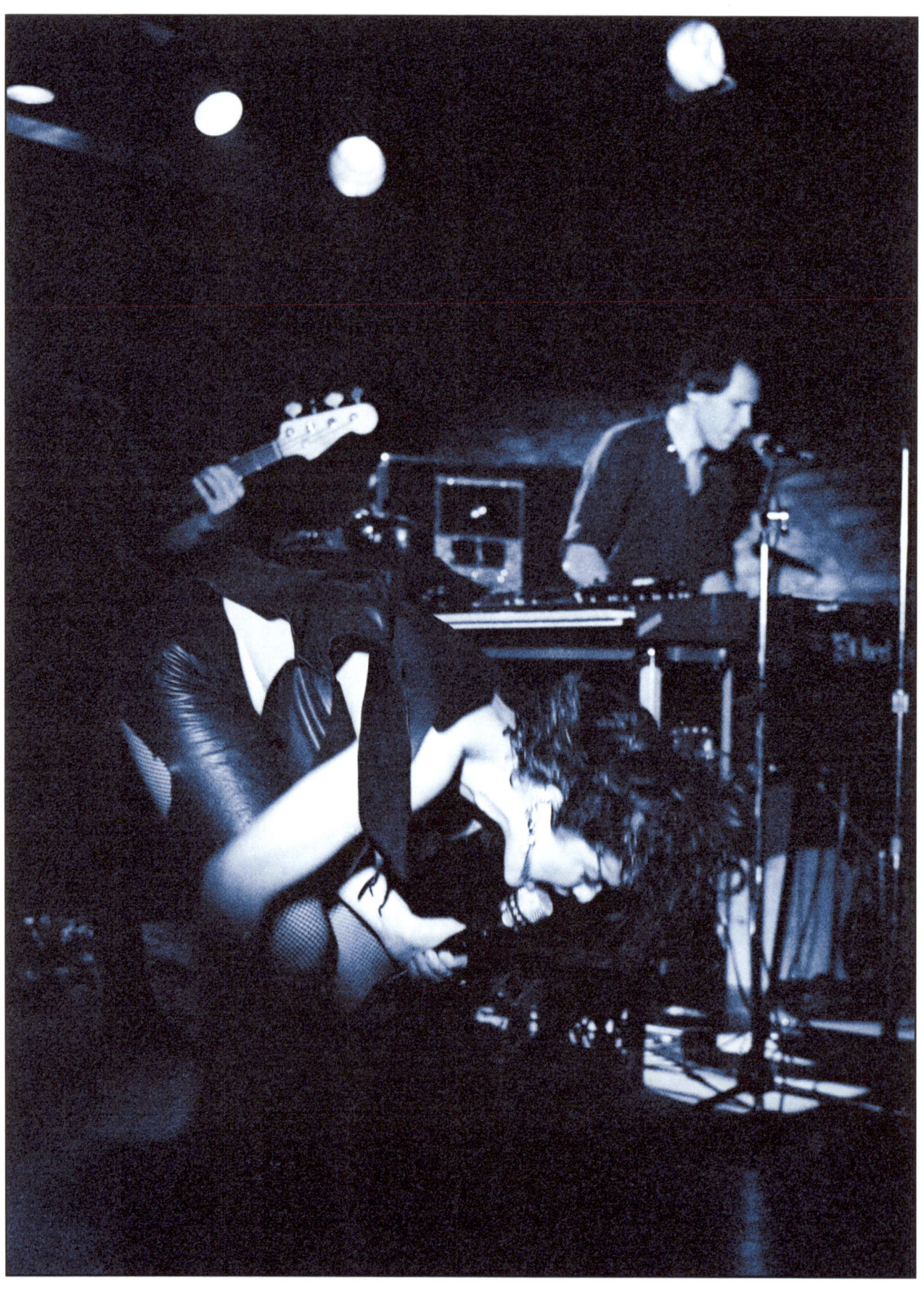

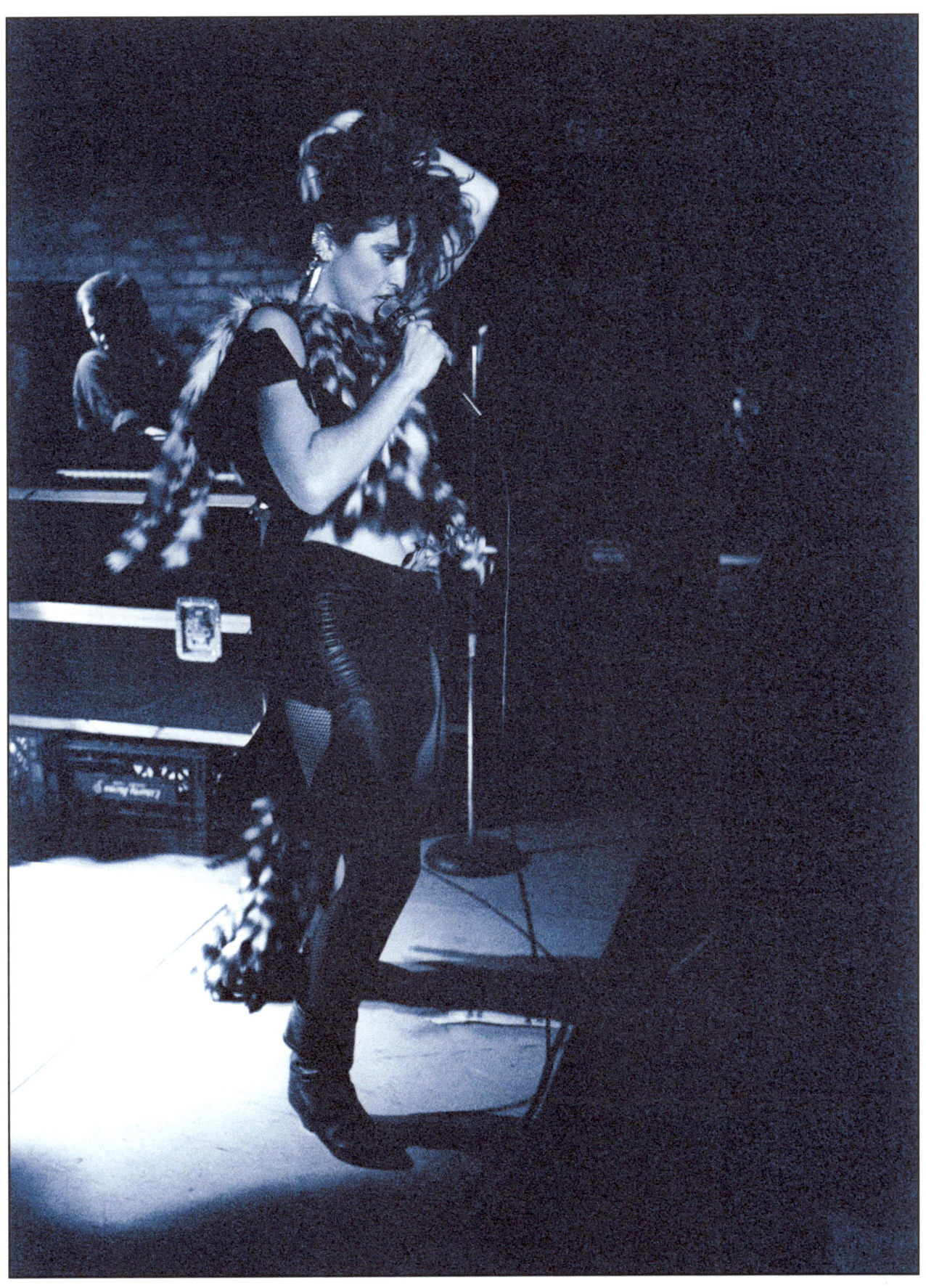

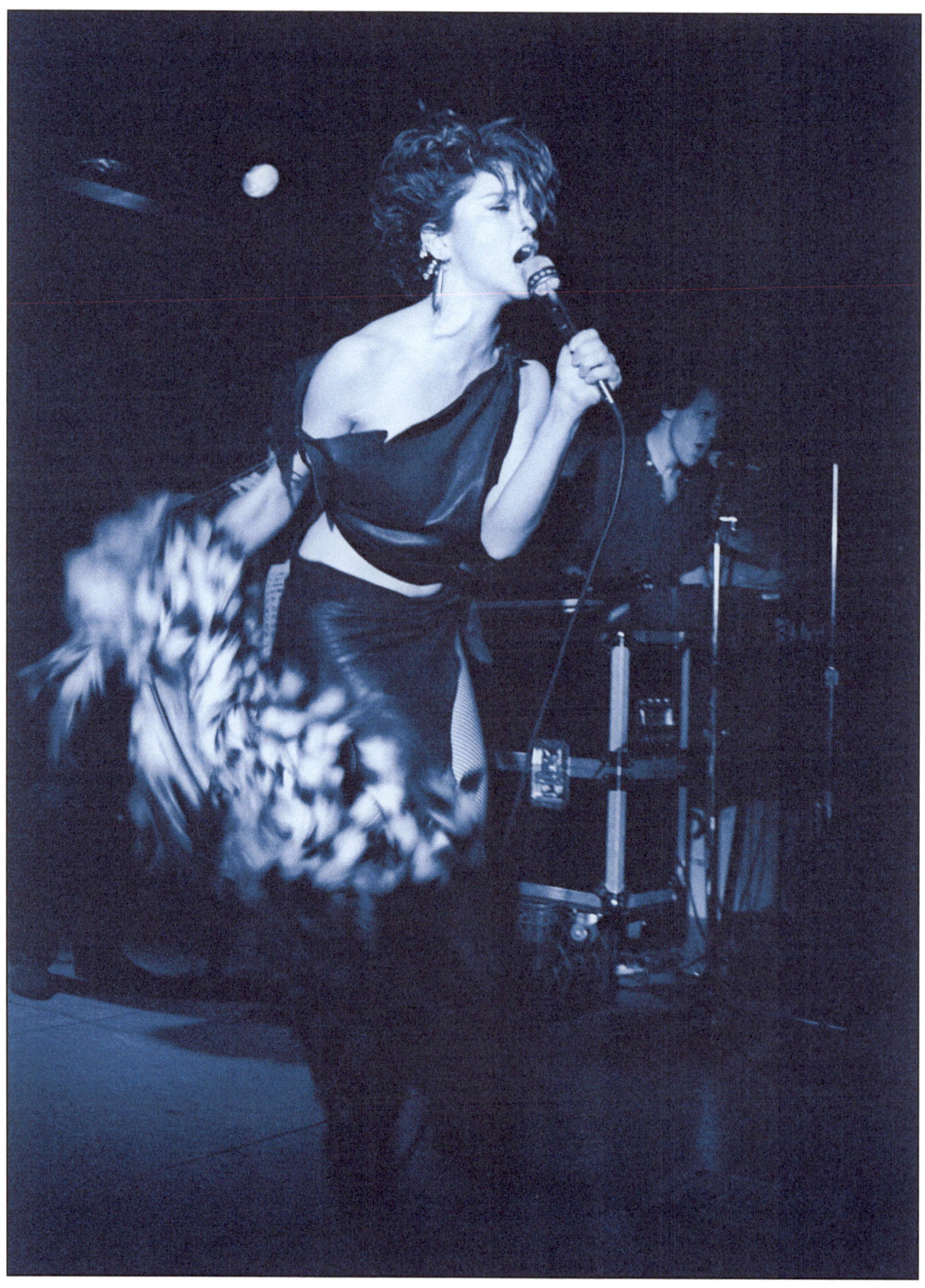

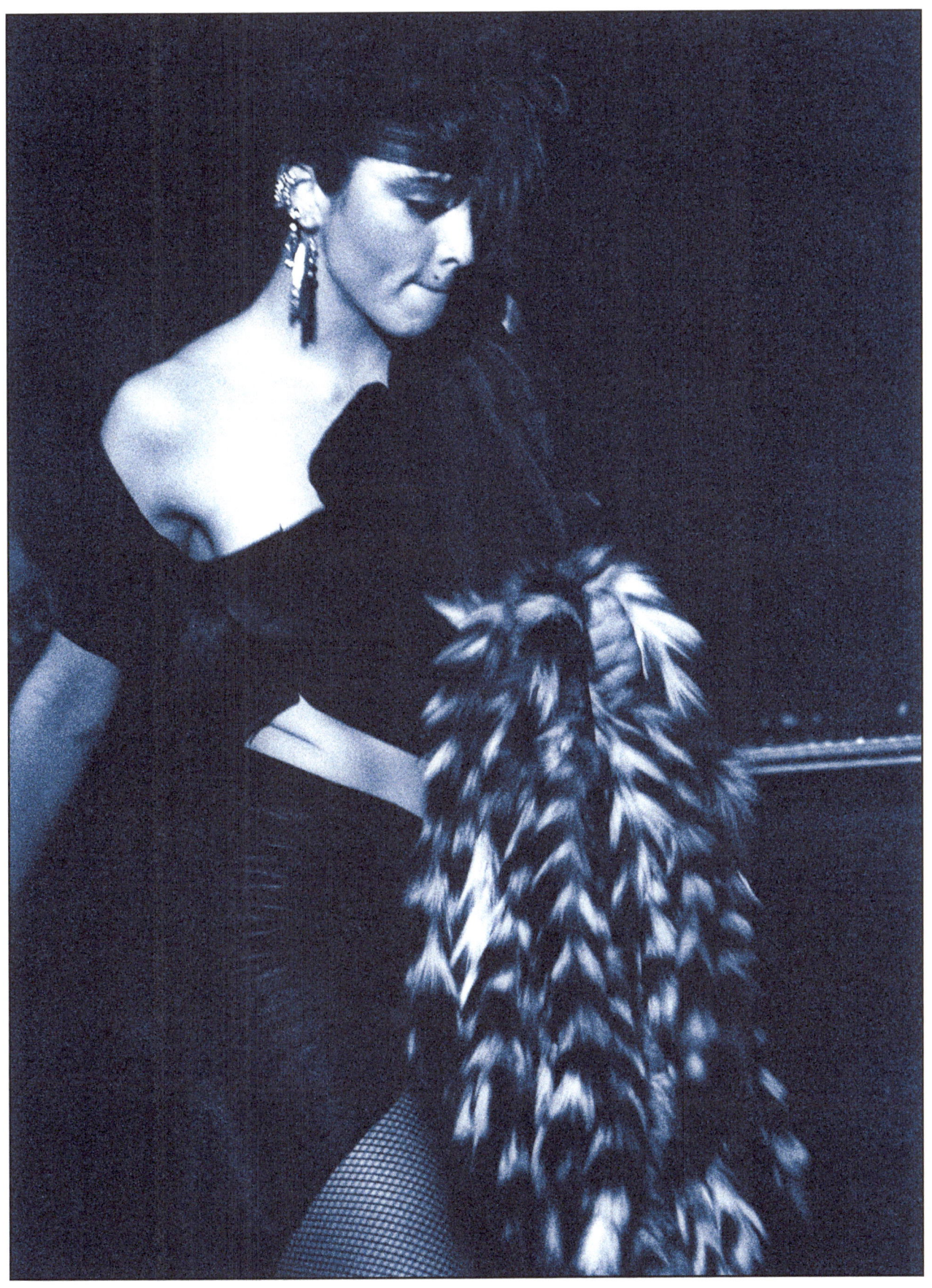

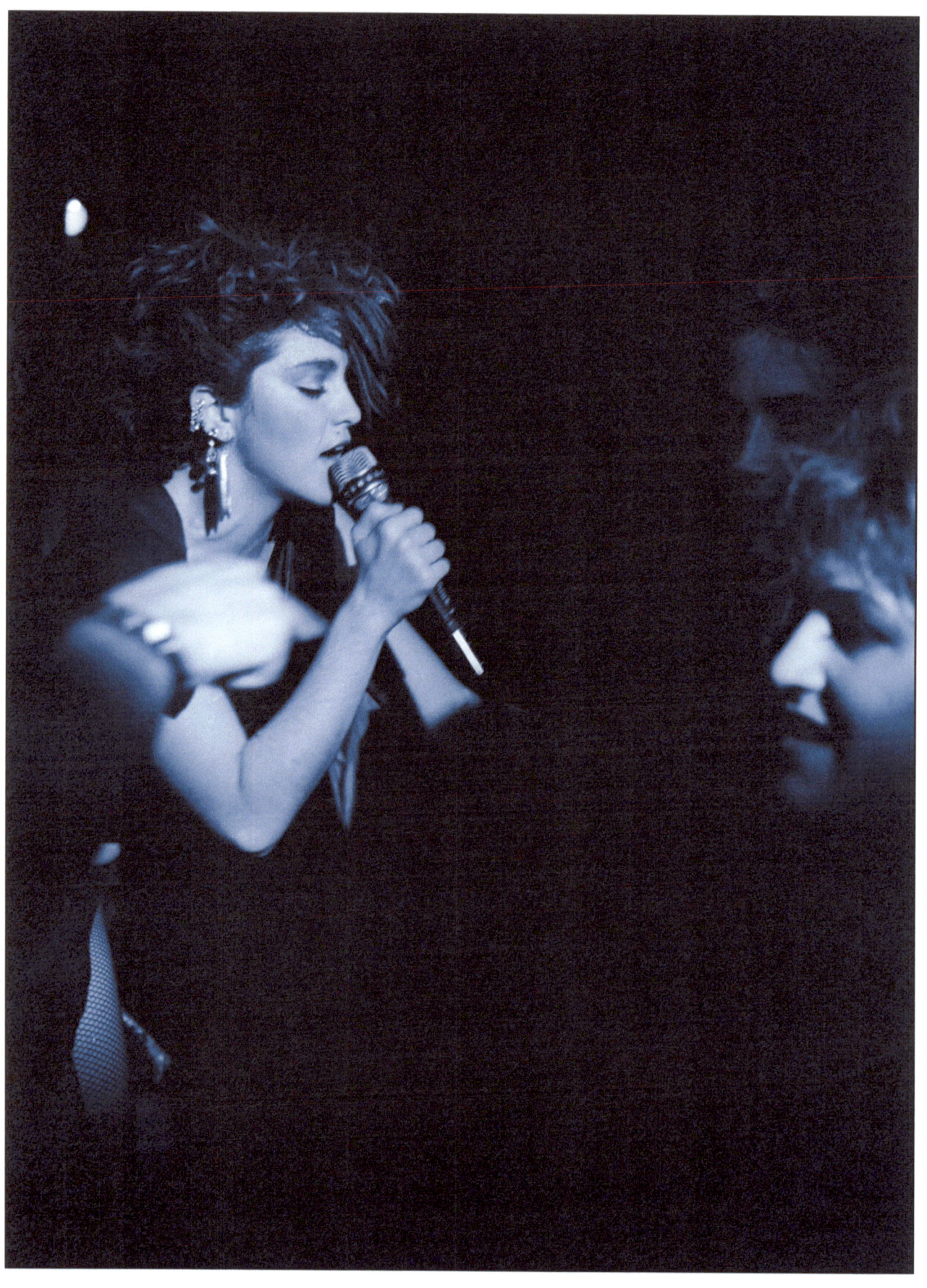

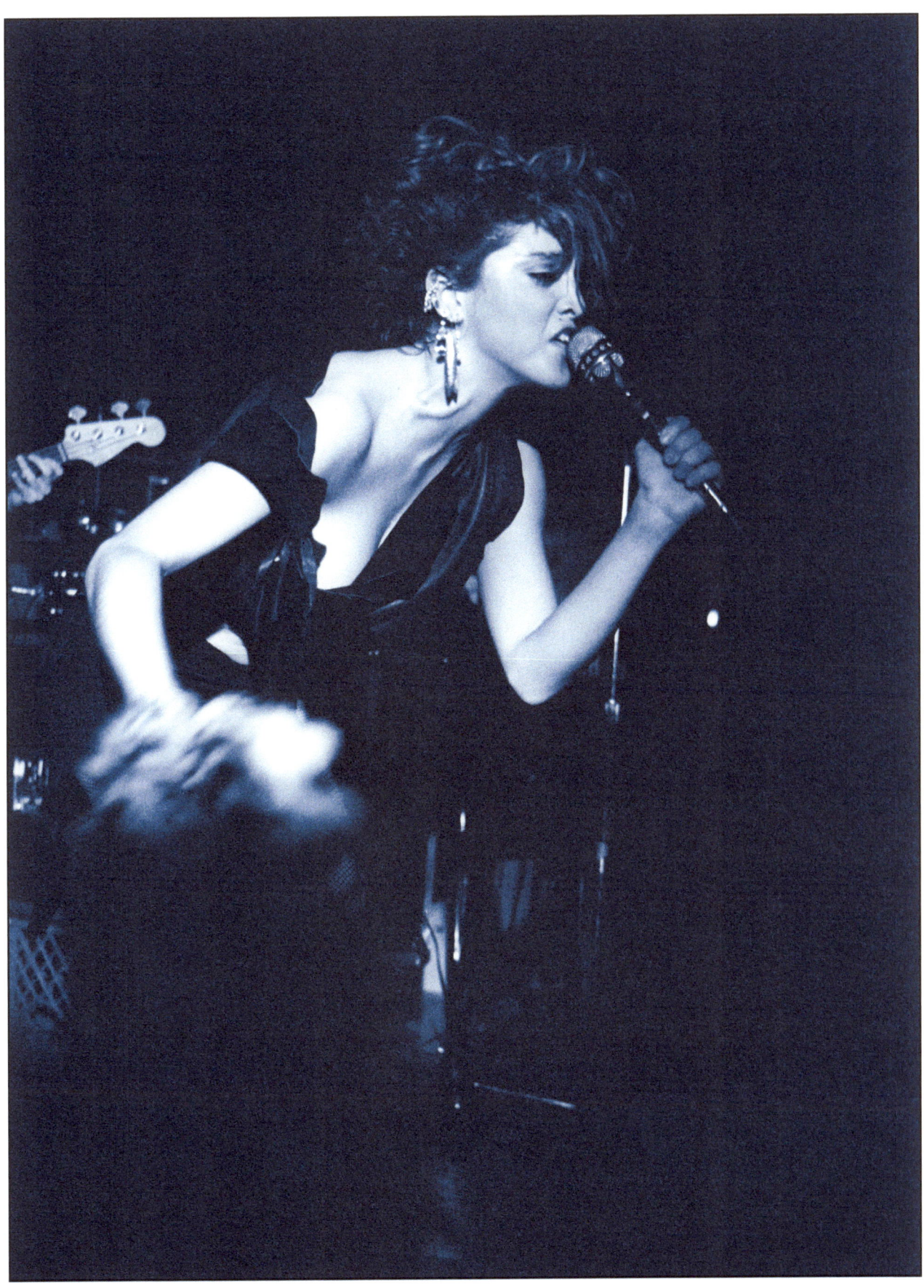

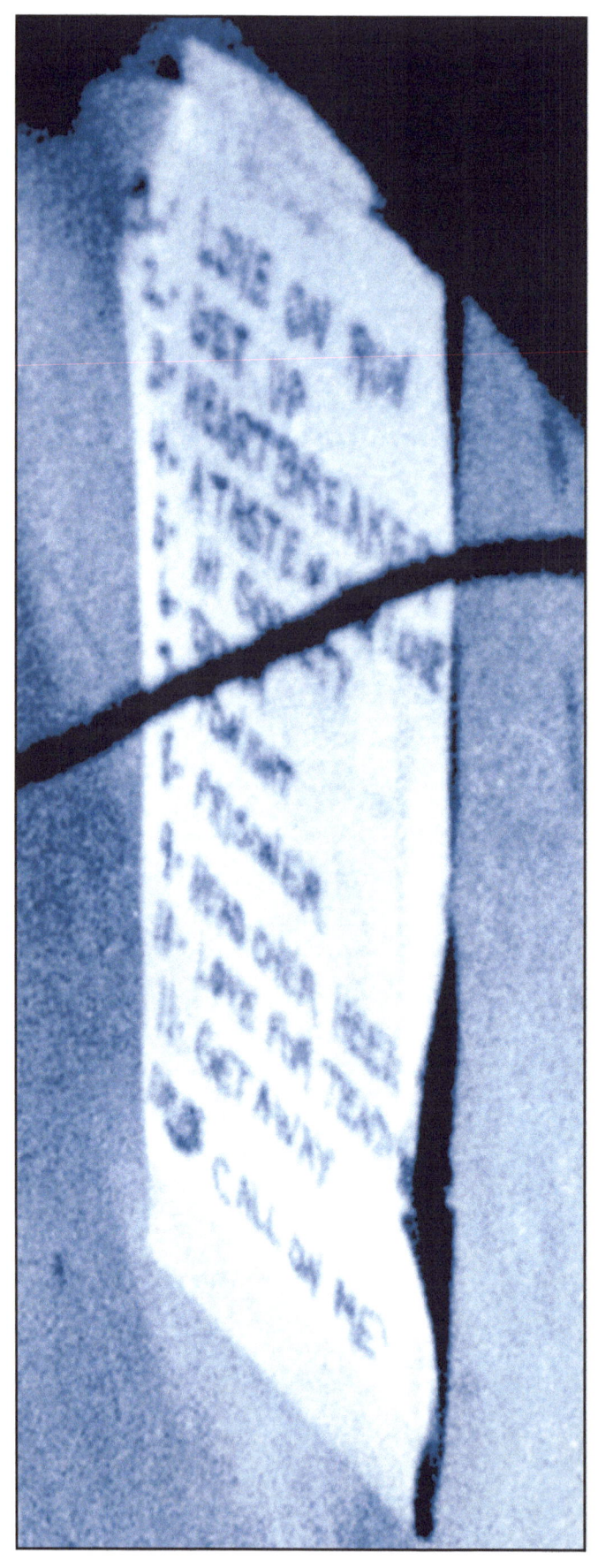

Le foto seguenti sono ciò che normalmente non mostrerei a nessuno.
Nell'interesse della Libertà dell'Informazione e per rispondere
alla domanda

"Ci sono delle altre foto?"

Ecco a voi tutte le foto di quella serata memorabile.

Con tutti i pregi e difetti...

I miei difetti, non quelli di Madonna

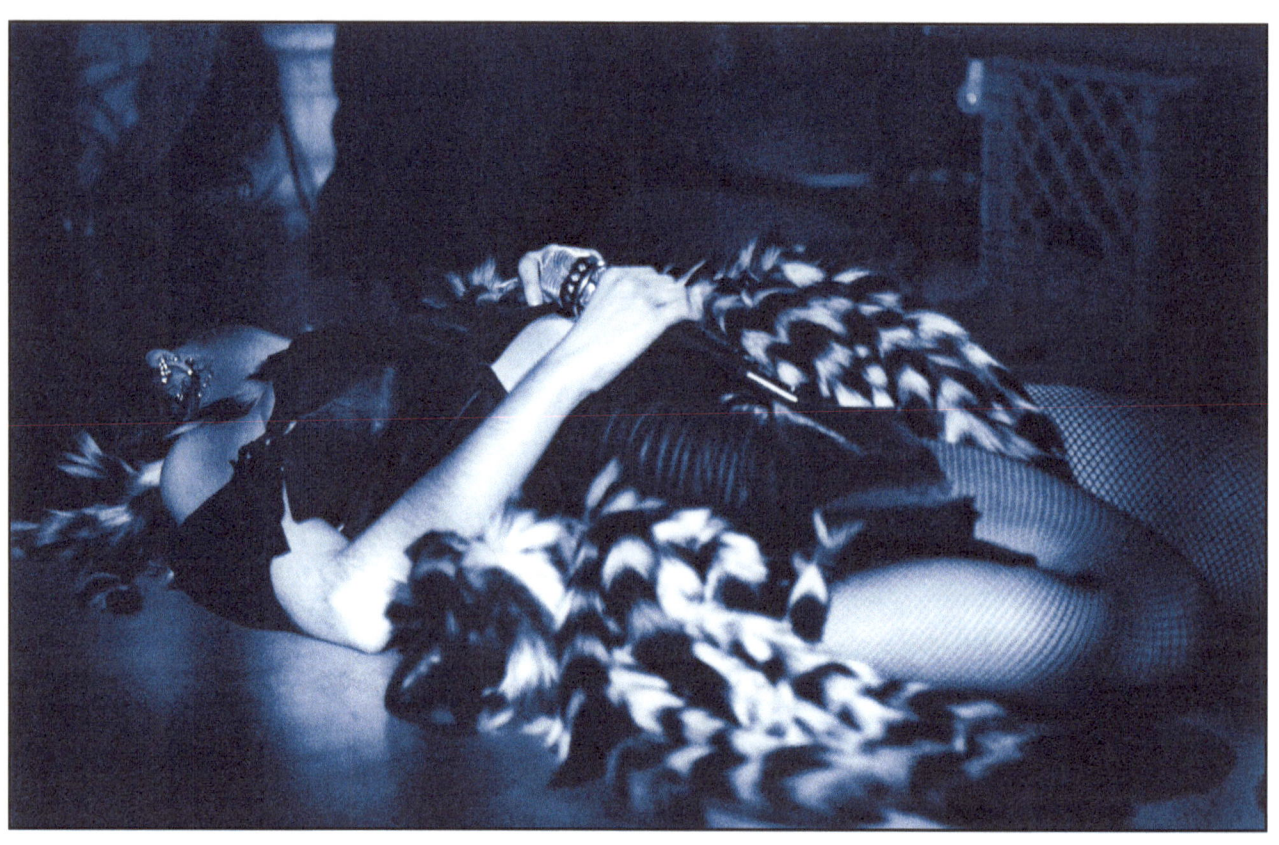

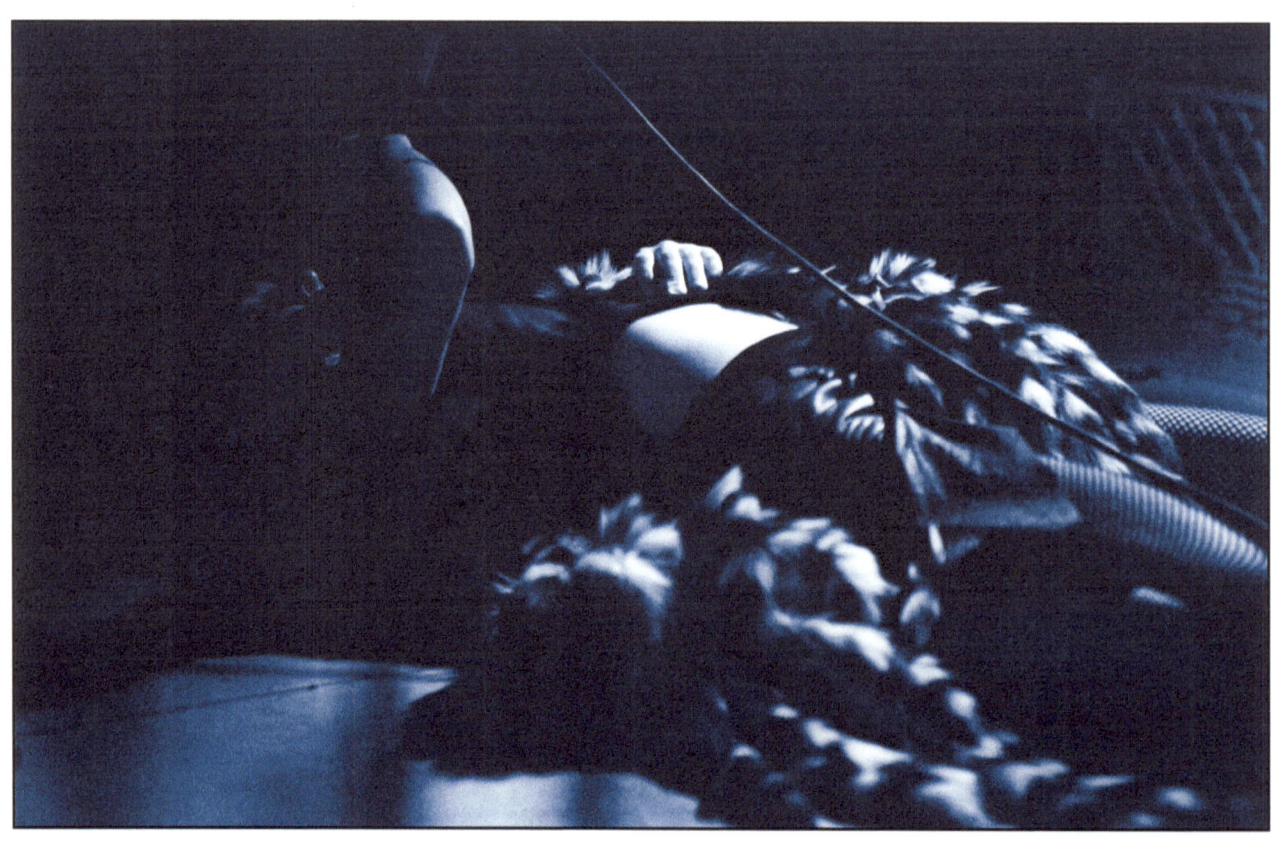

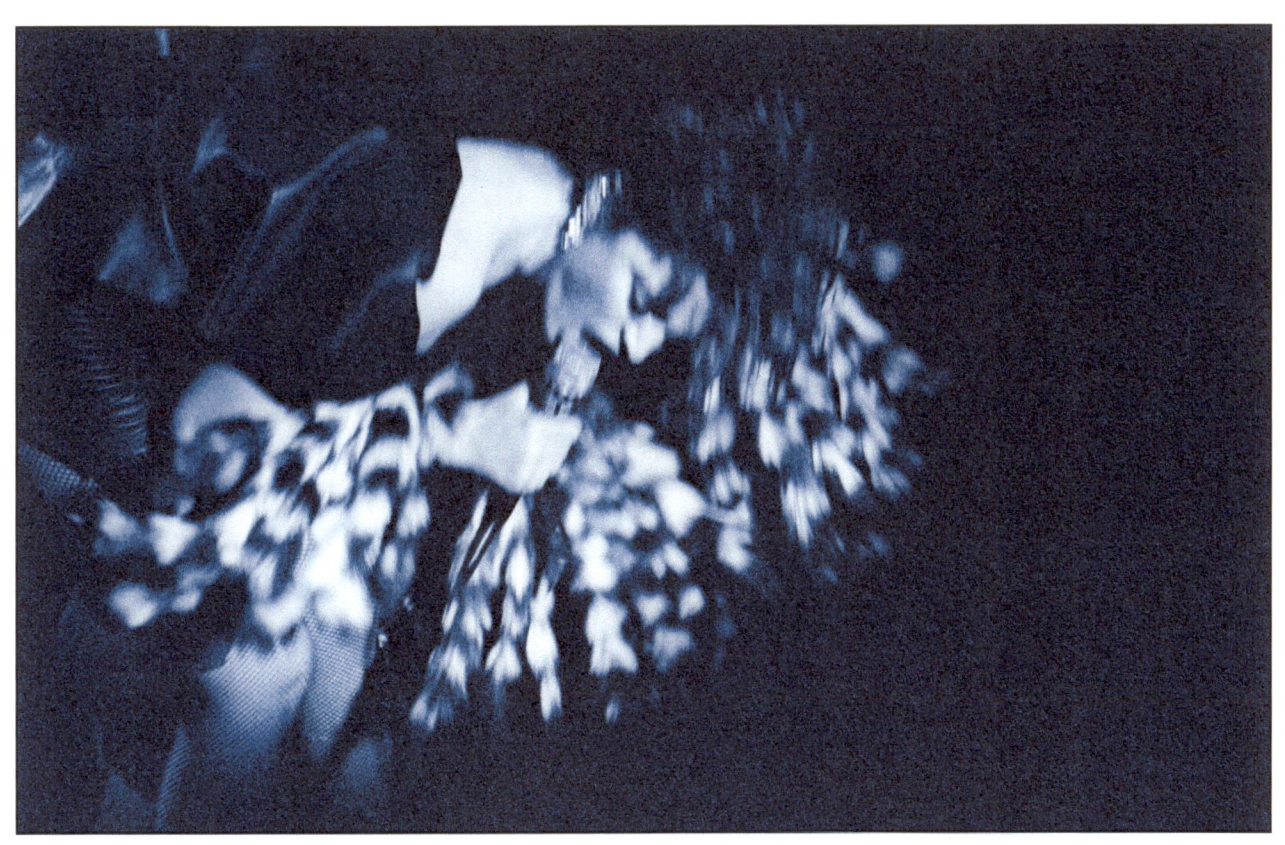

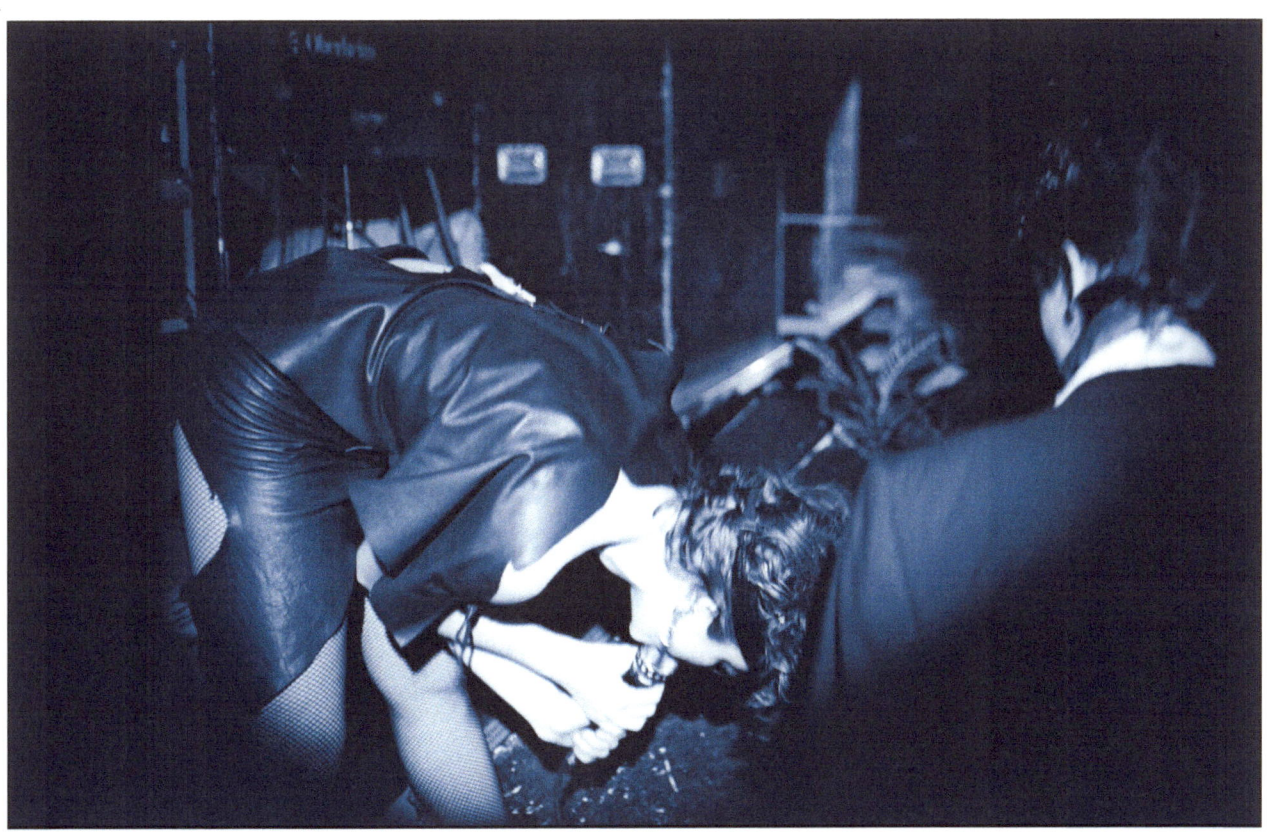

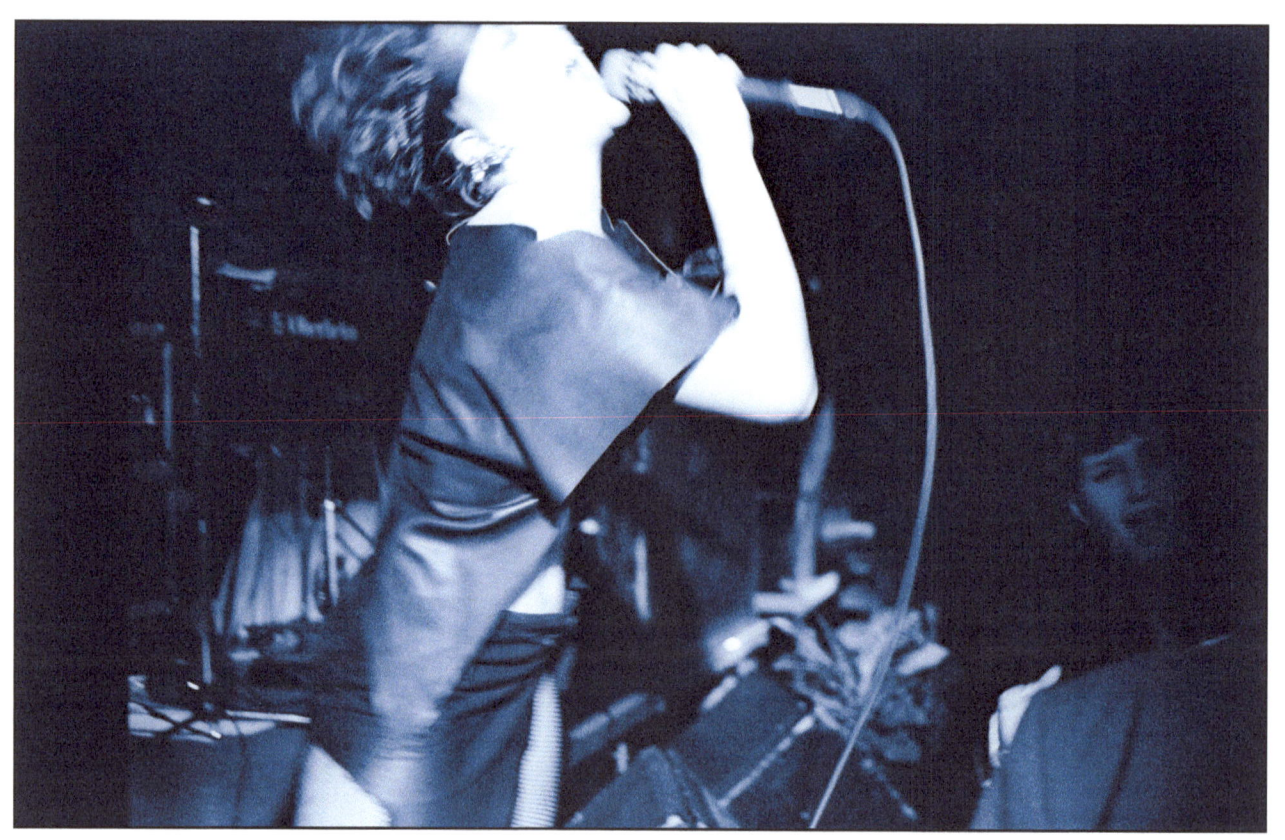

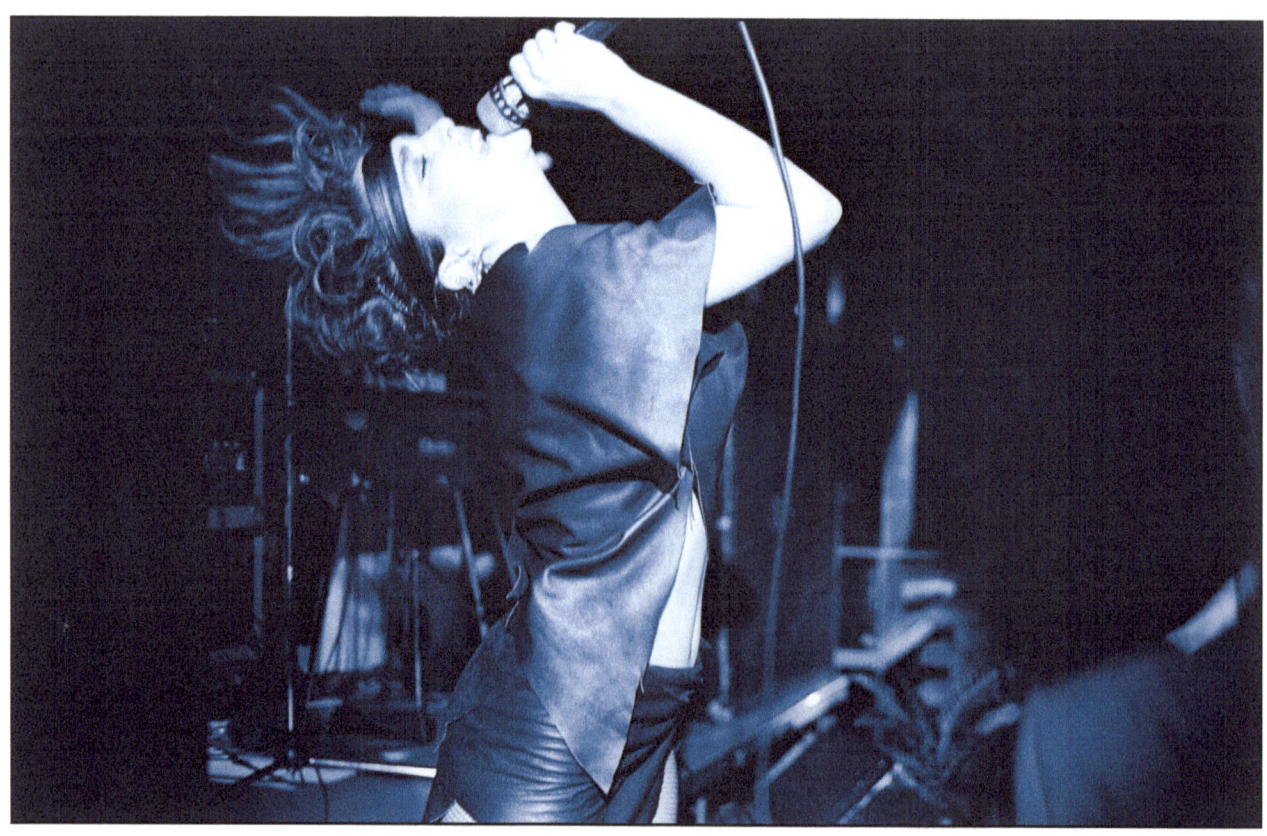

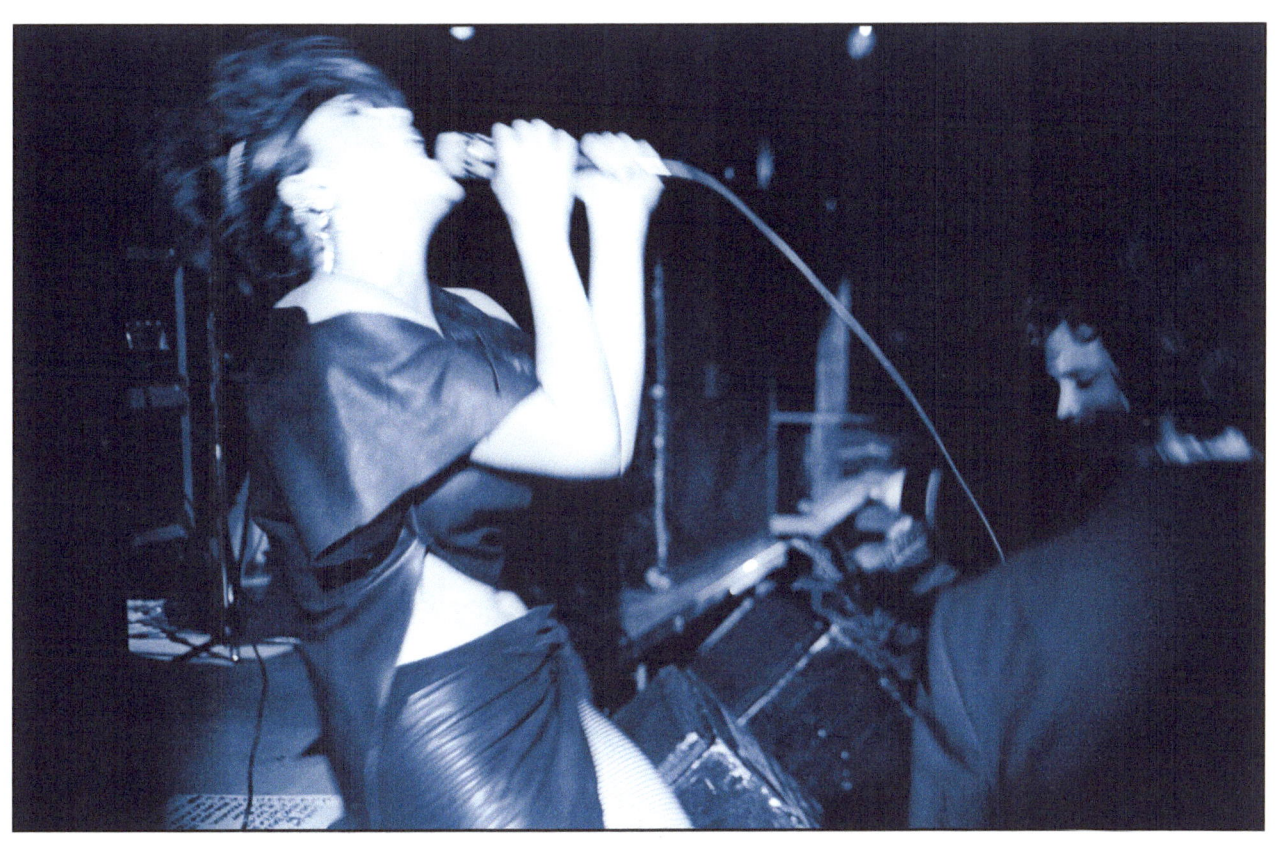

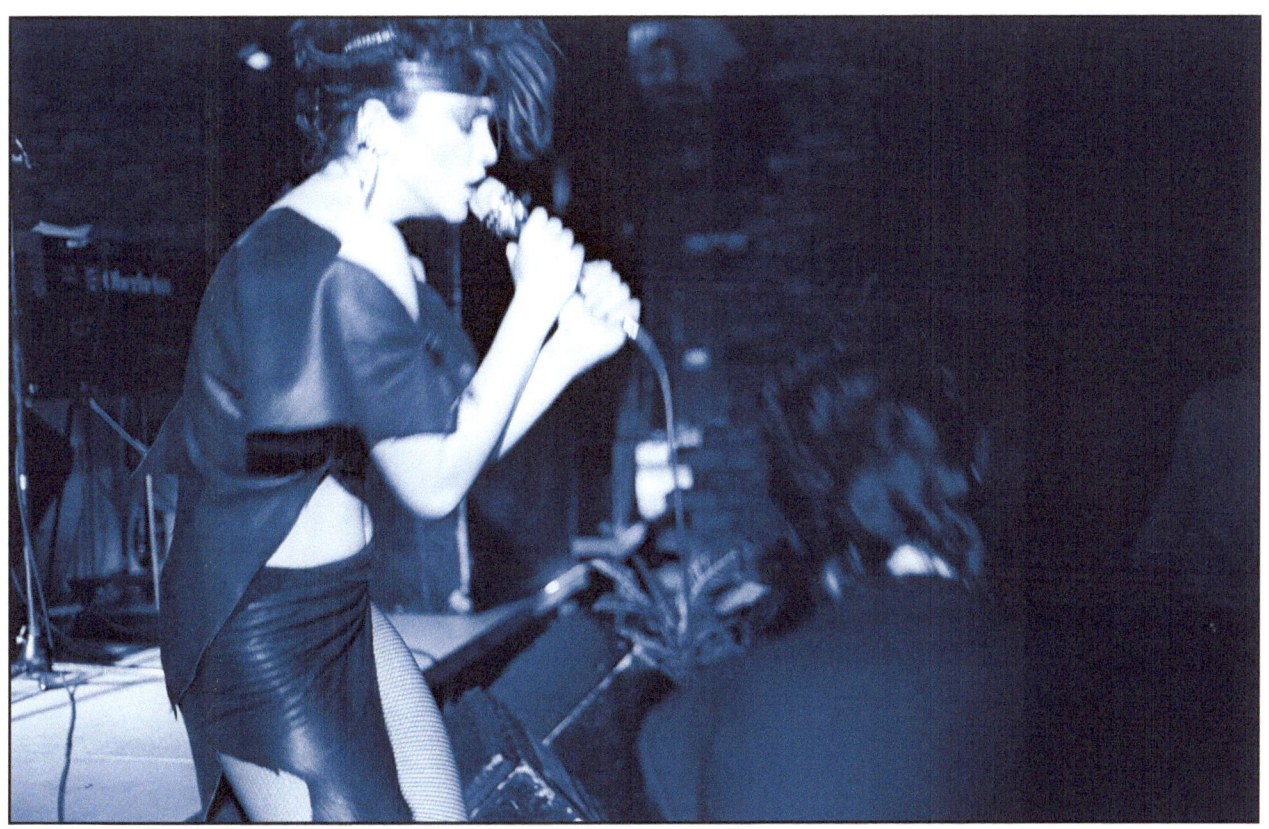

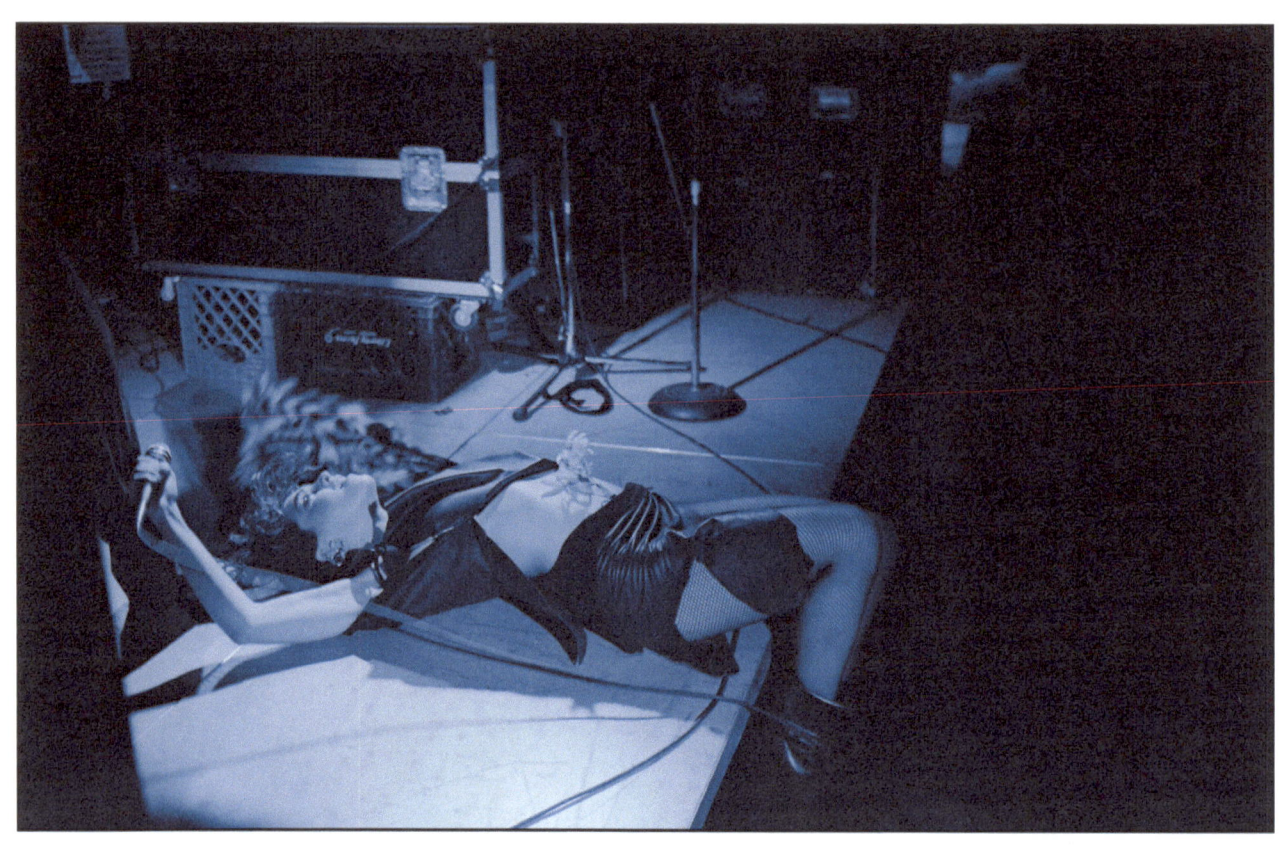

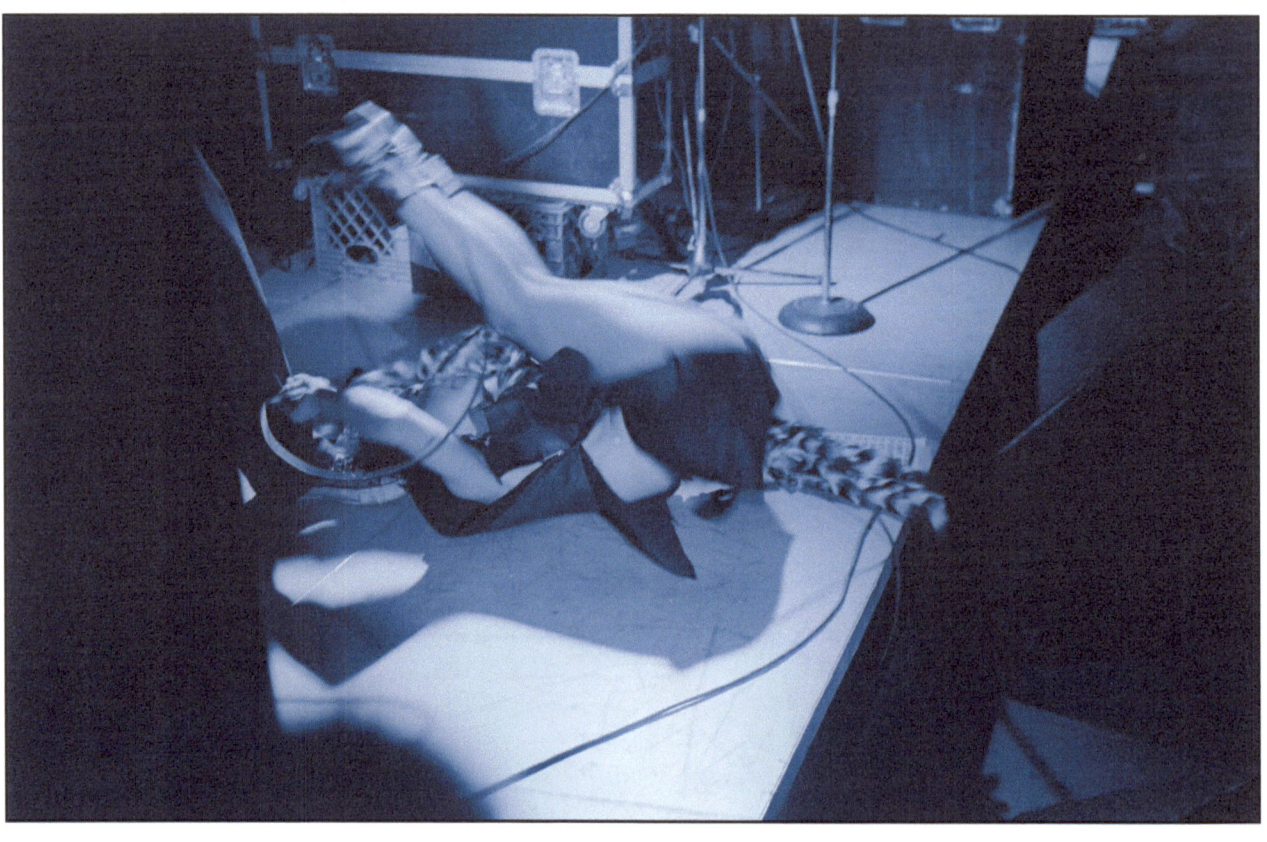

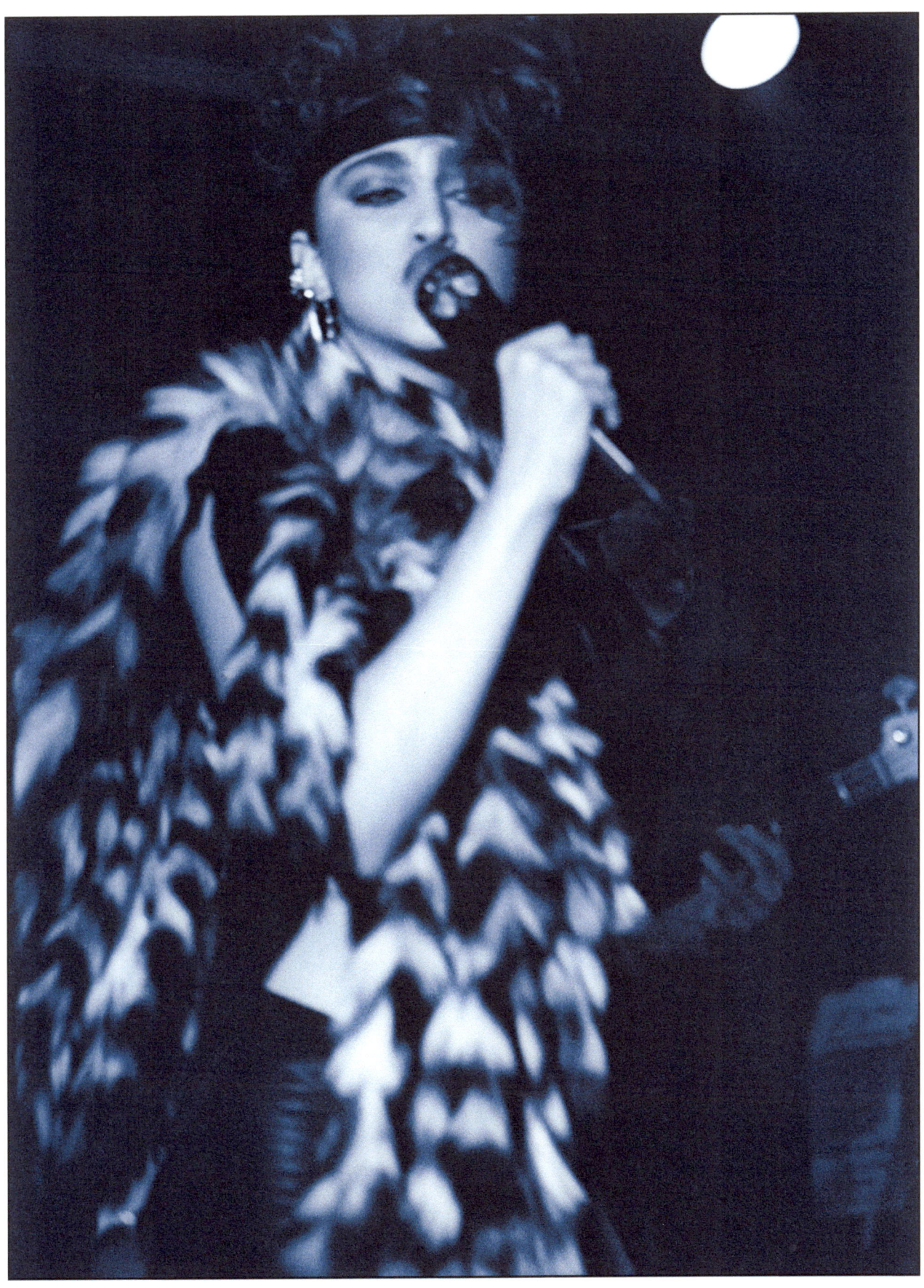

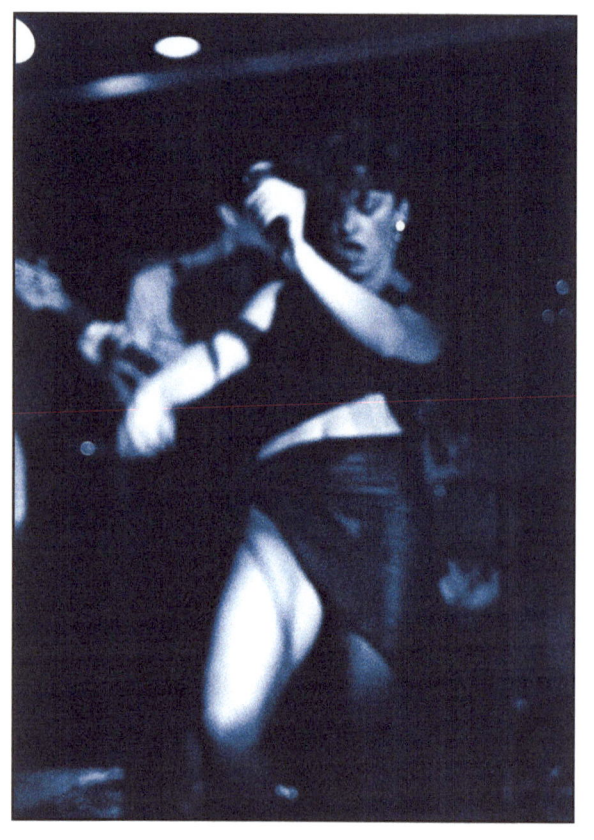
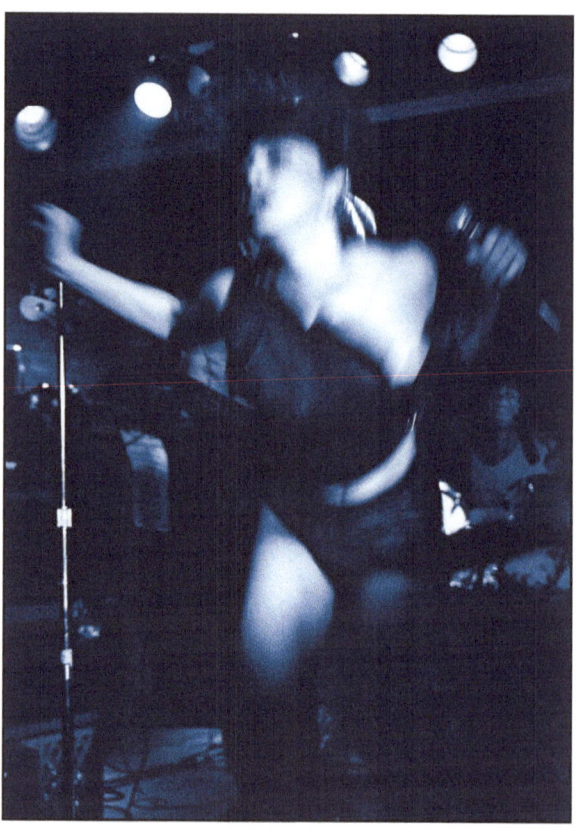
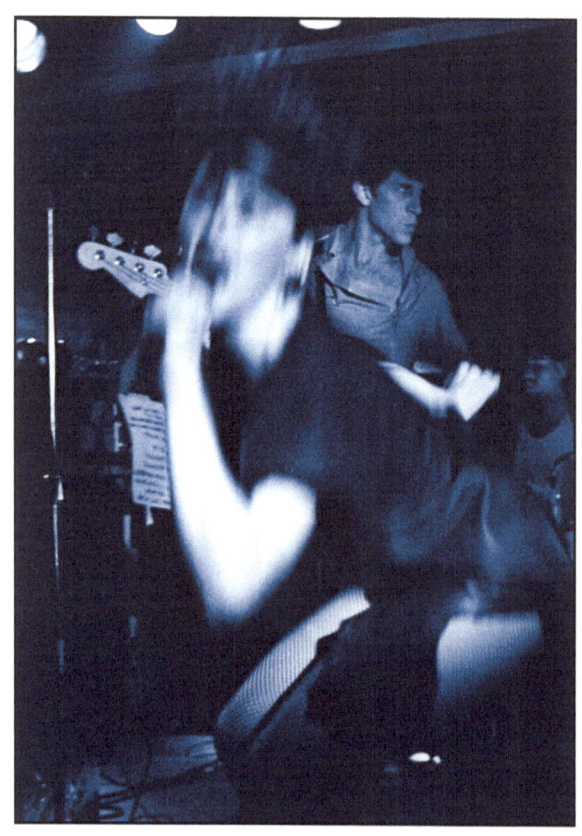
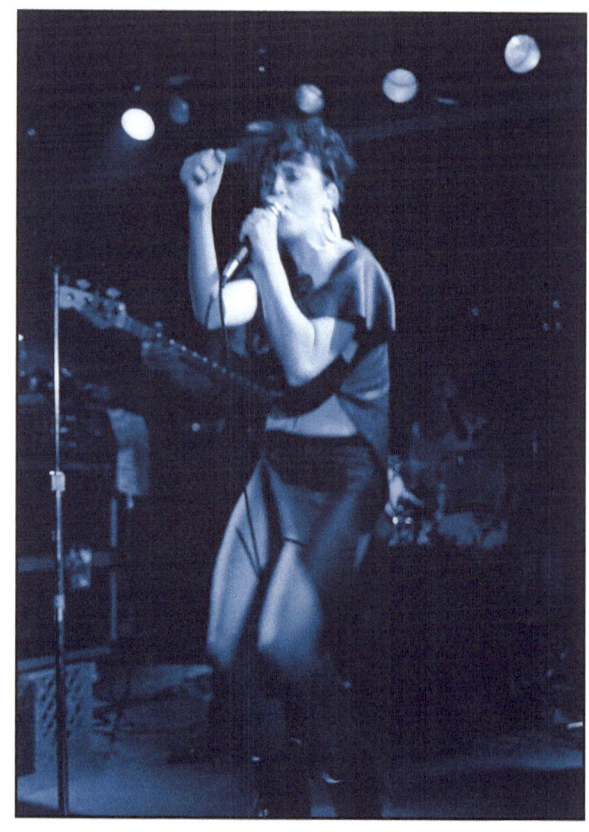

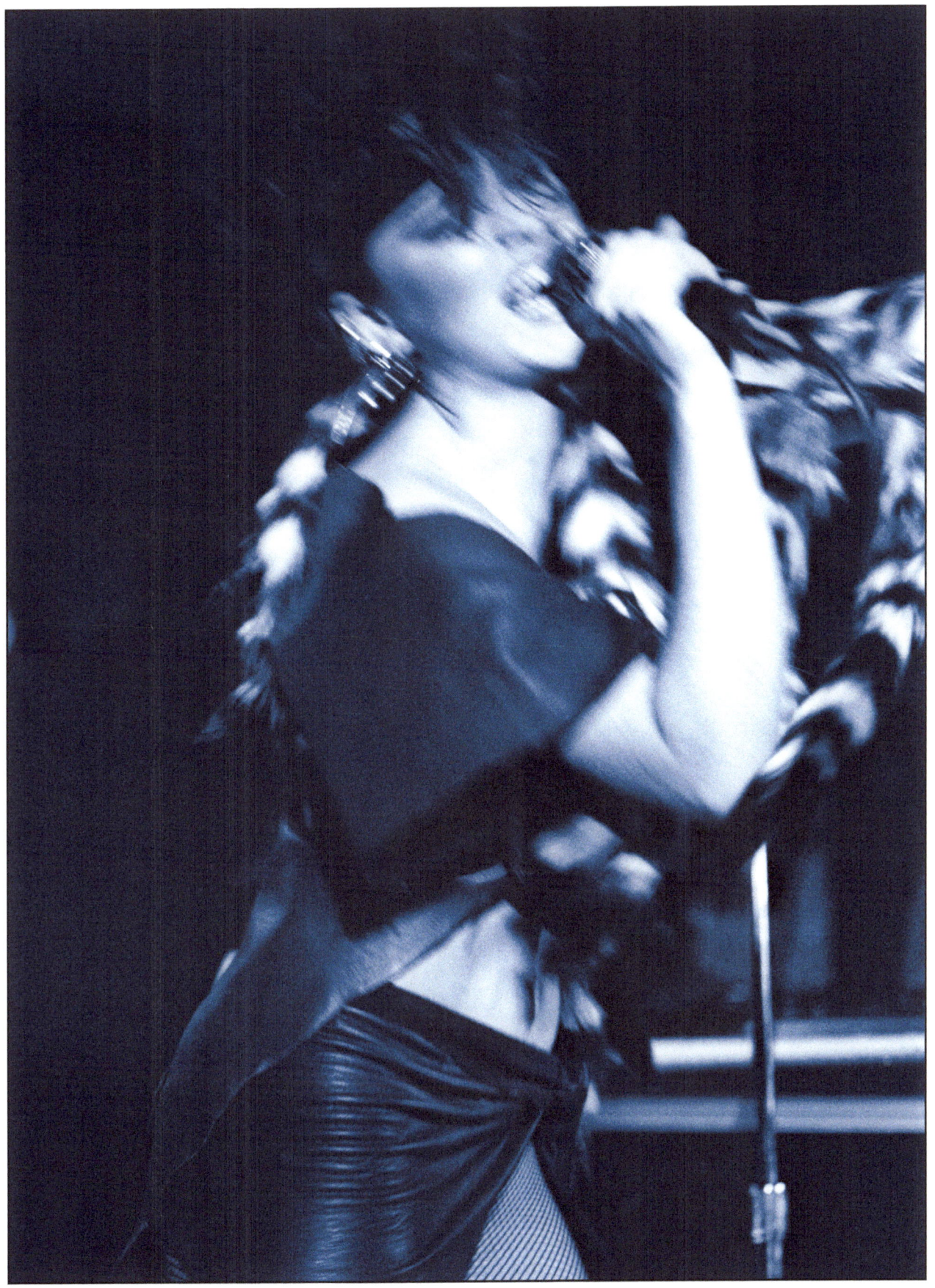

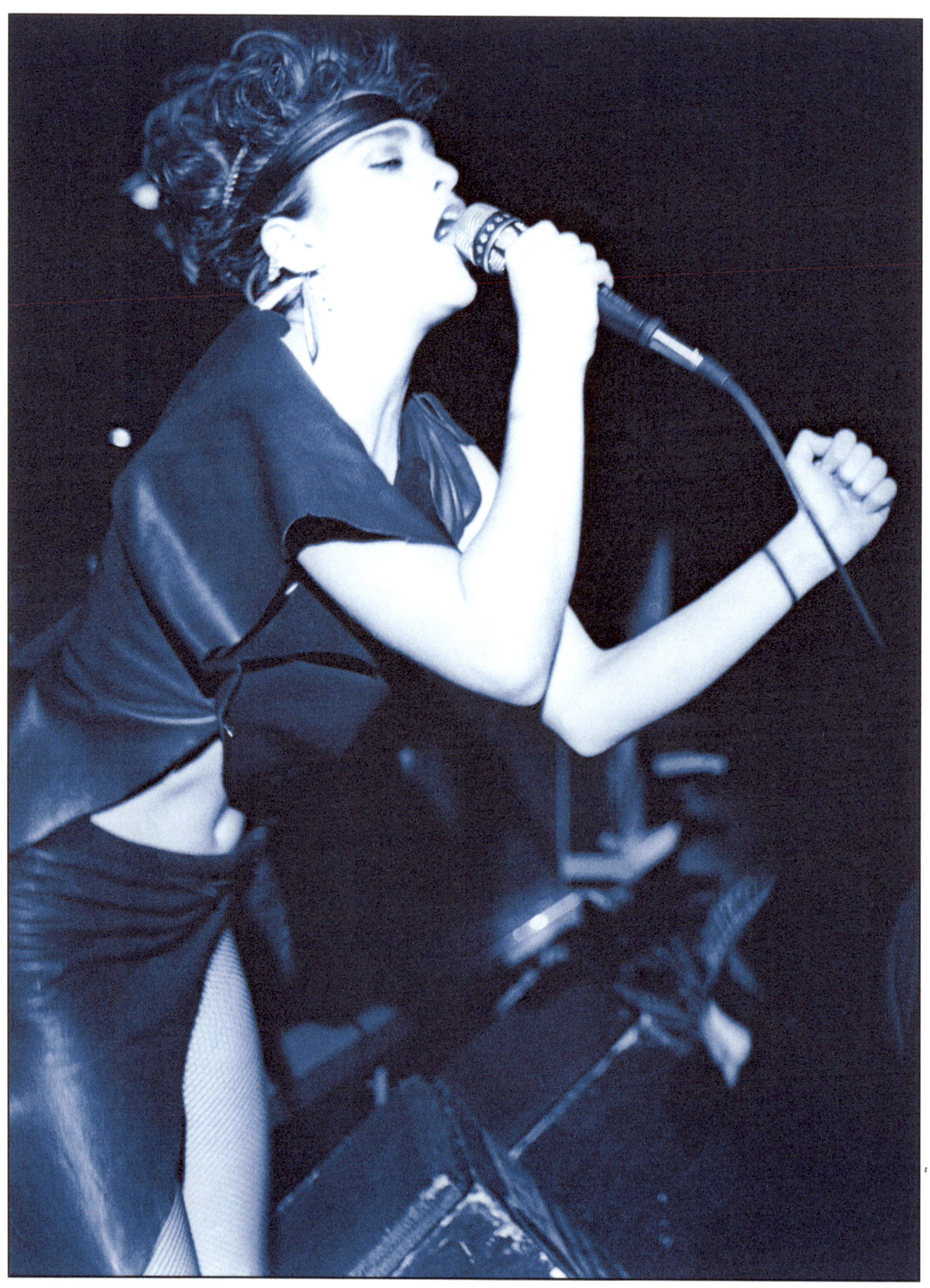

64

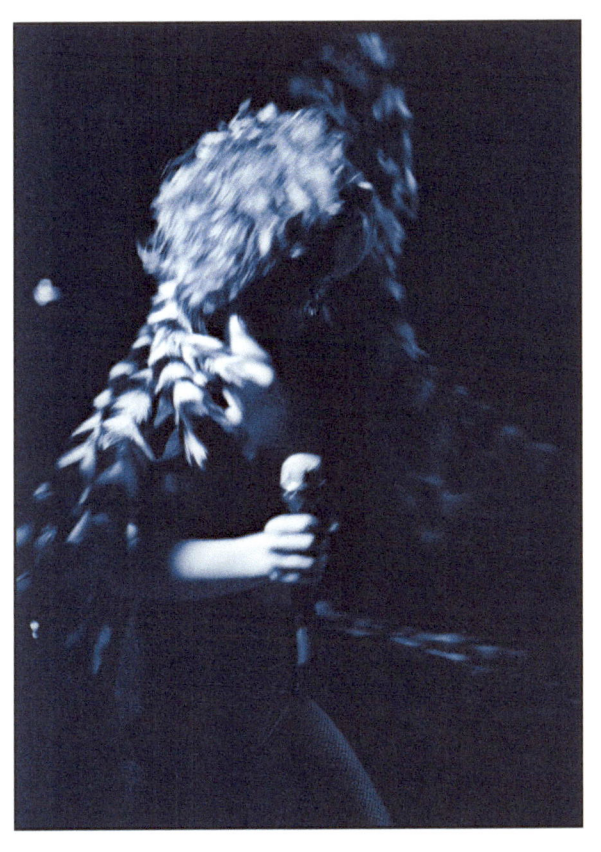
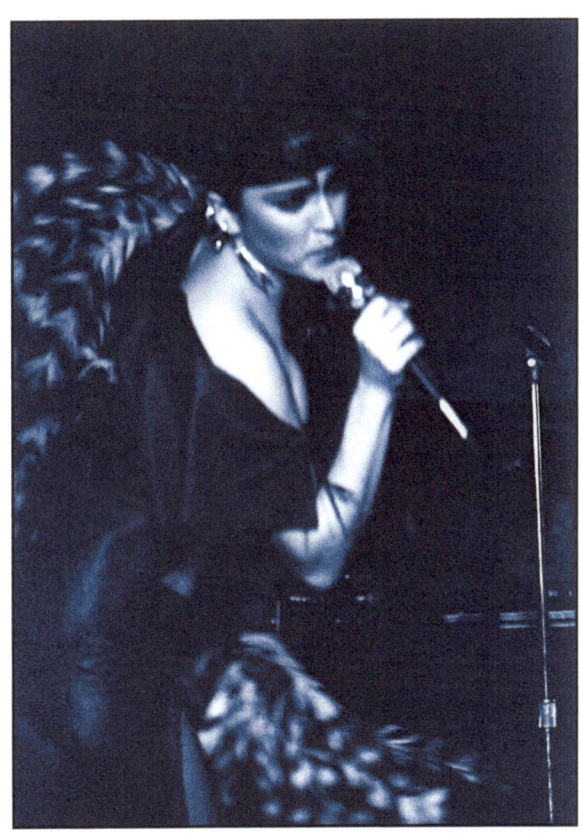
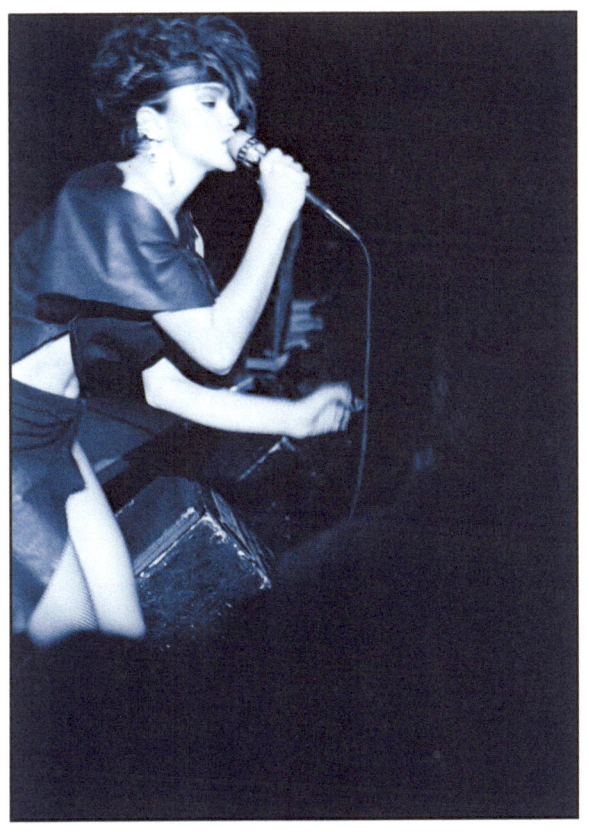
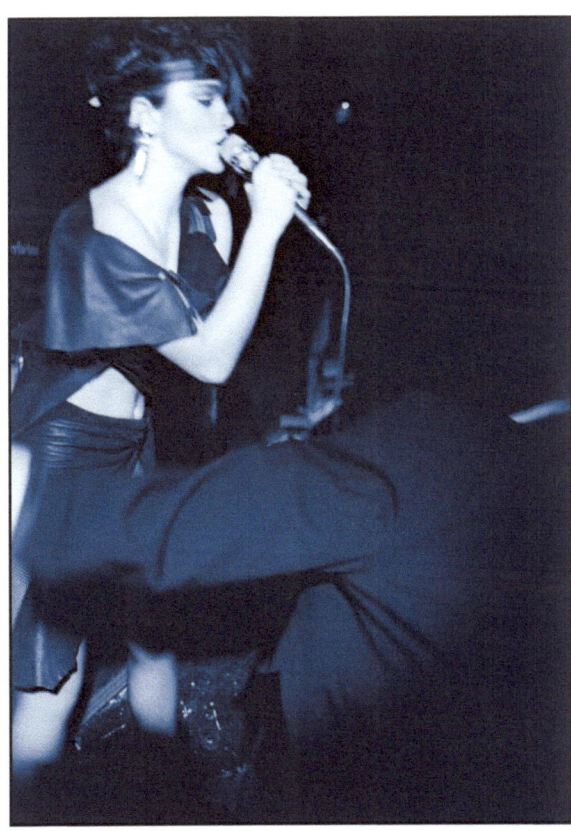

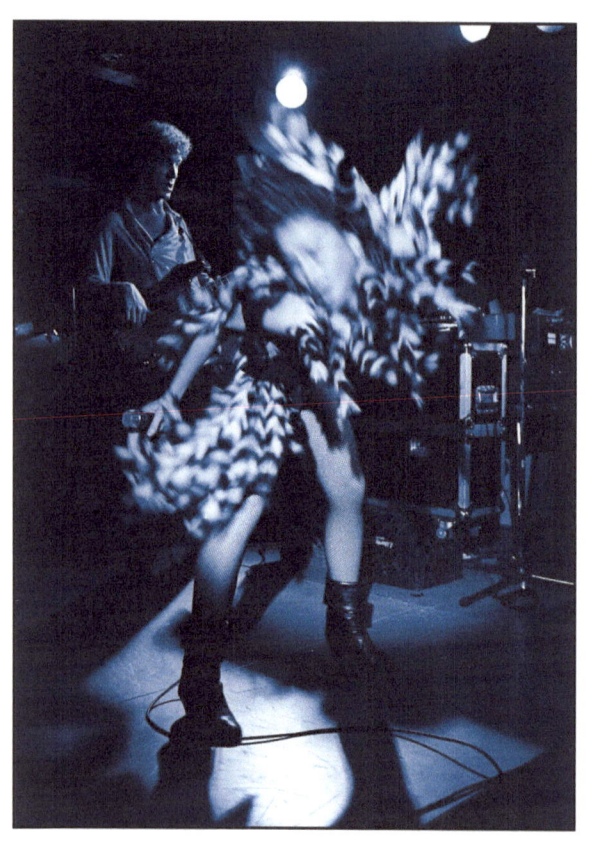
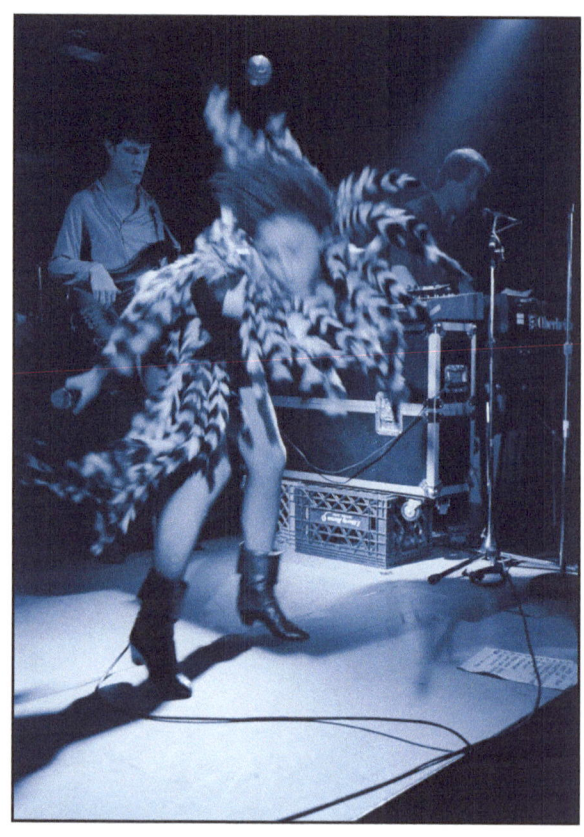
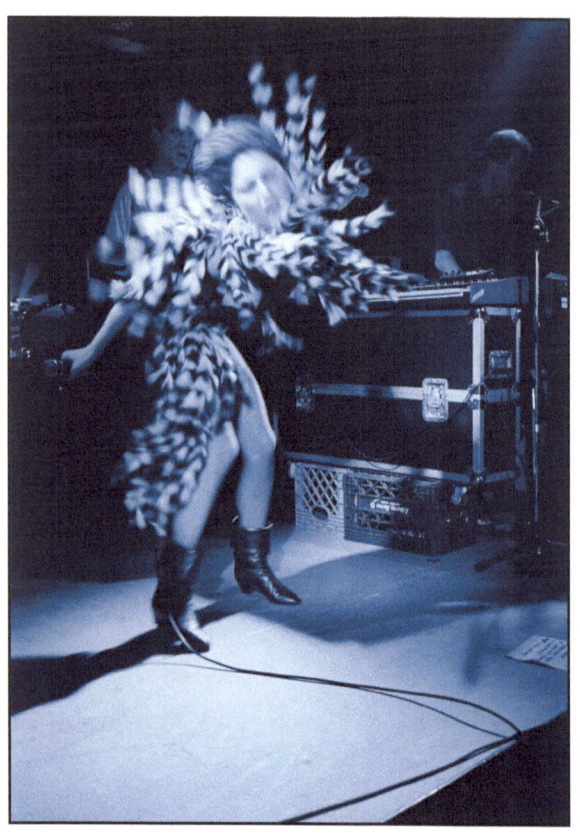
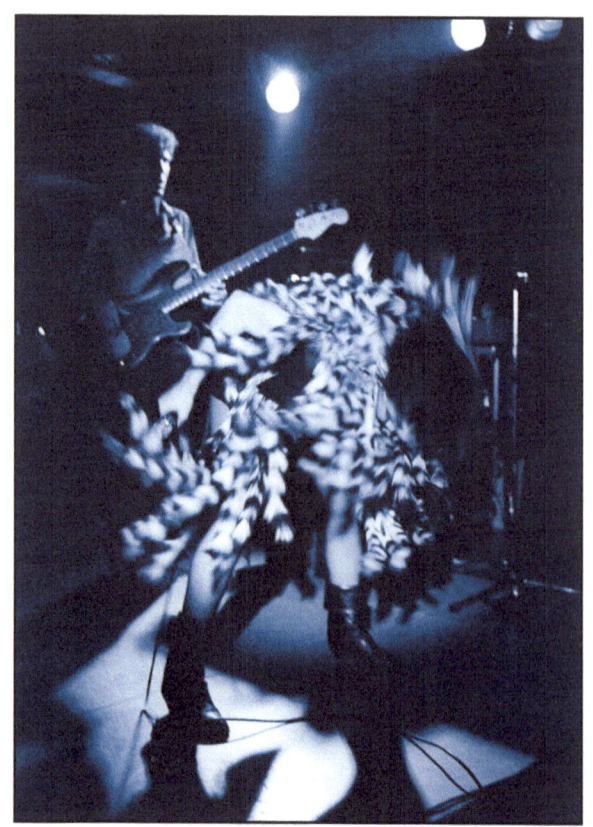

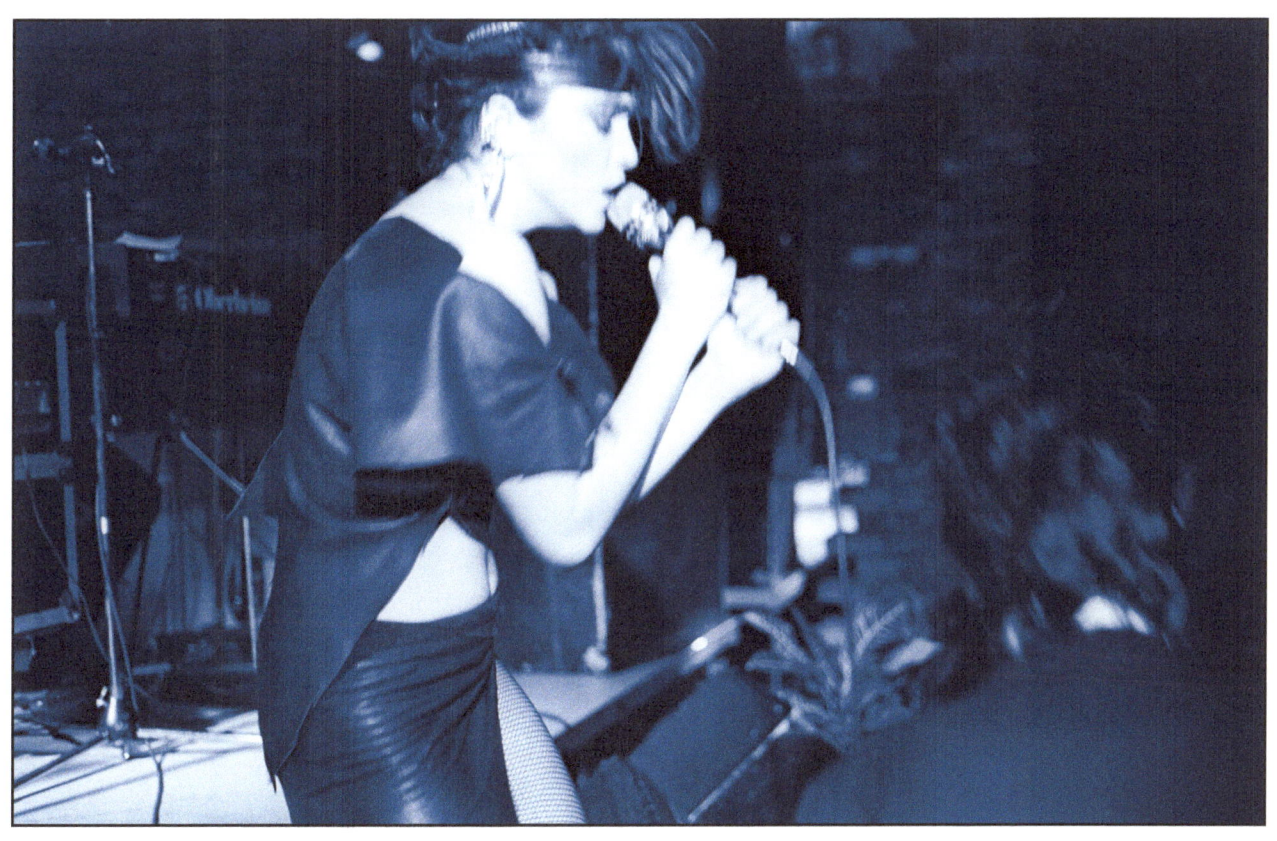

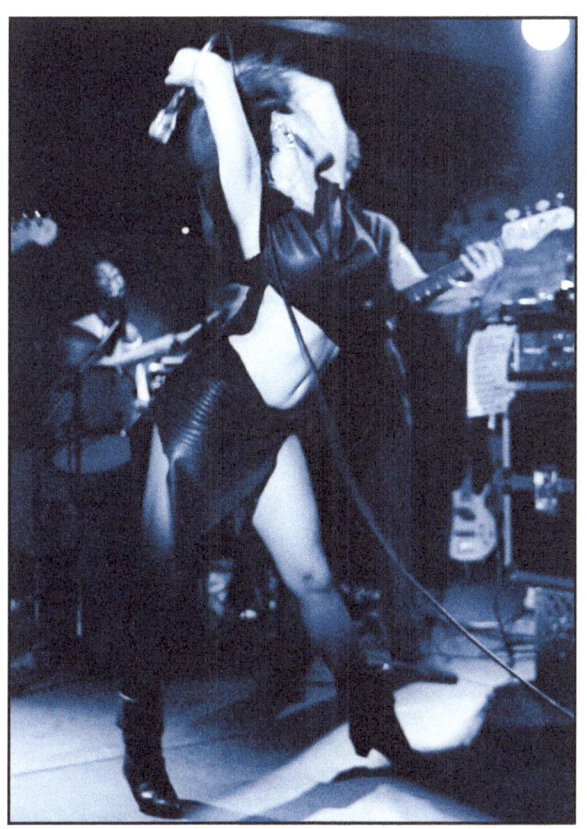

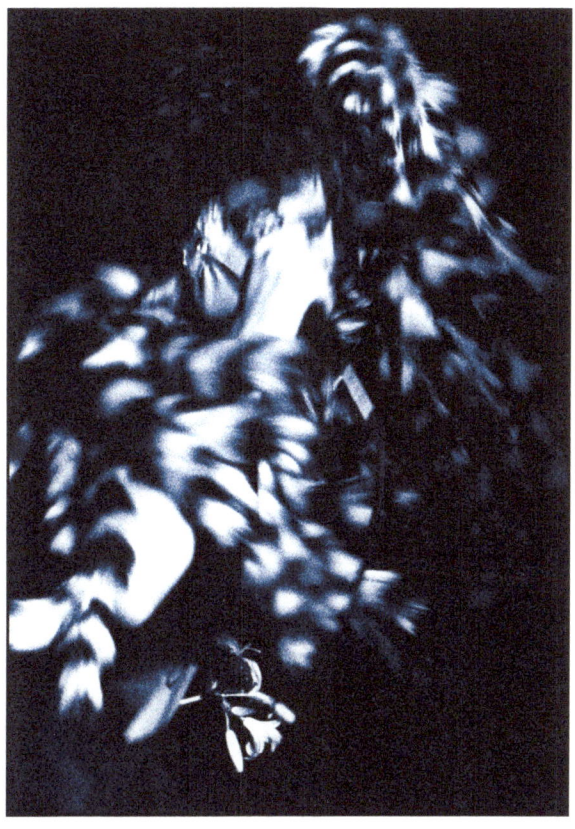

Dopo essere stato ingloriosamente espulso dal camerino di Madonna per aver cercato di dirle alcune parole di incoraggiamento nell'intervallo tra i suoi due set, tornai nella sala principale del club, in attesa che la performance di Madonna continuasse. Si ripresentò in palco con un guardaroba completamente differente e procedette togliendosi elementi del suo costume, canzone dopo canzone.

Mi piaceva la pettorina da majorette dell'Università del Michigan. La "M" grande poteva voler dire Michigan, da dove Madonna proveniva, ma poteva anche significare Madonna. Nonostante il costume indossato da Madonna nel secondo spettacolo della serata non fosse sensuale come il look tribale del primo set, Madonna fece in modo che funzionasse. La sua abilità di intrattenitrice era chiara. Stava affinando il suo modo di presentarsi sul palcoscenico e il suo nuovo look, dopo quello show a Roslyn, sarebbe arrivato presto.

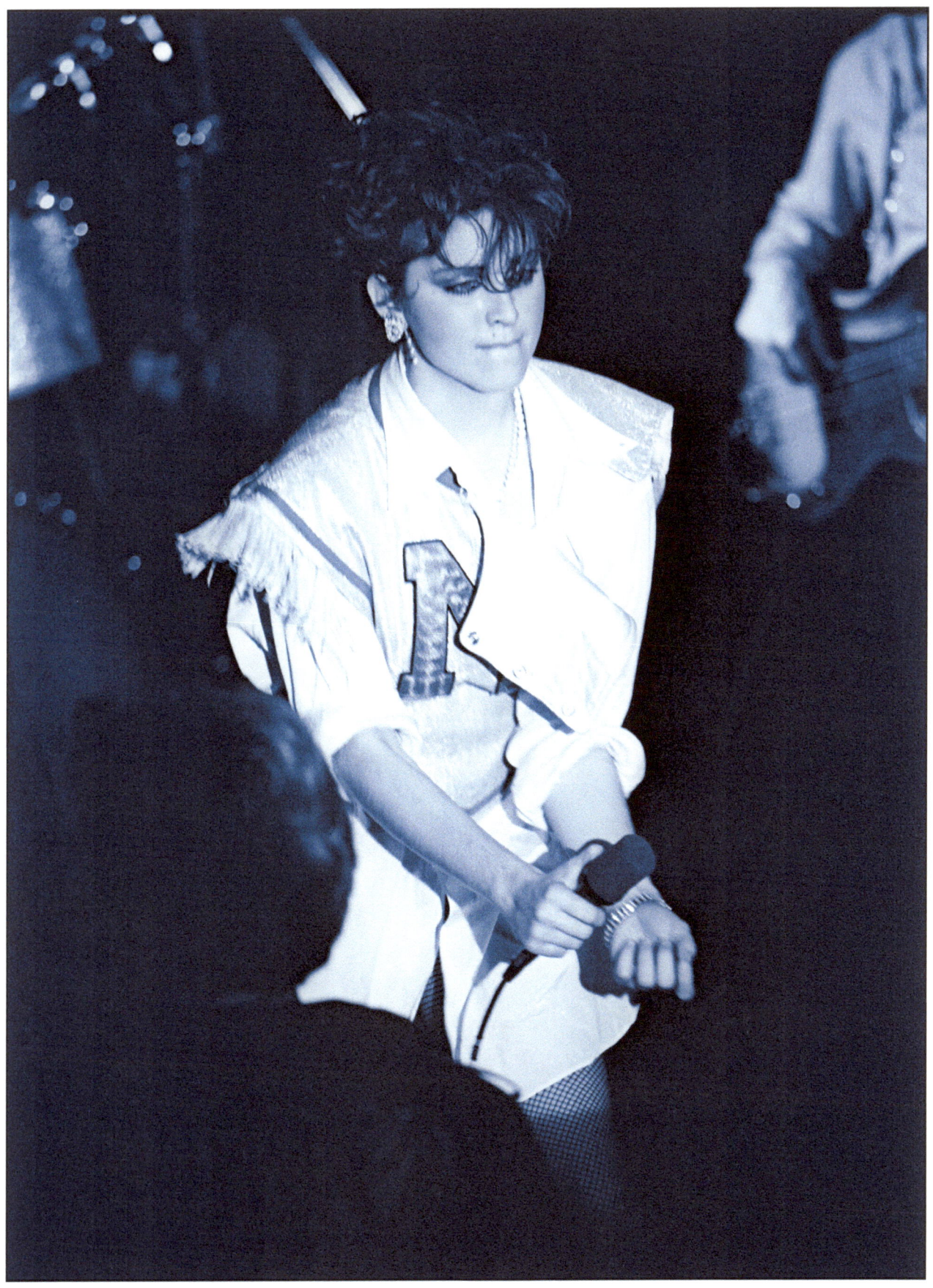

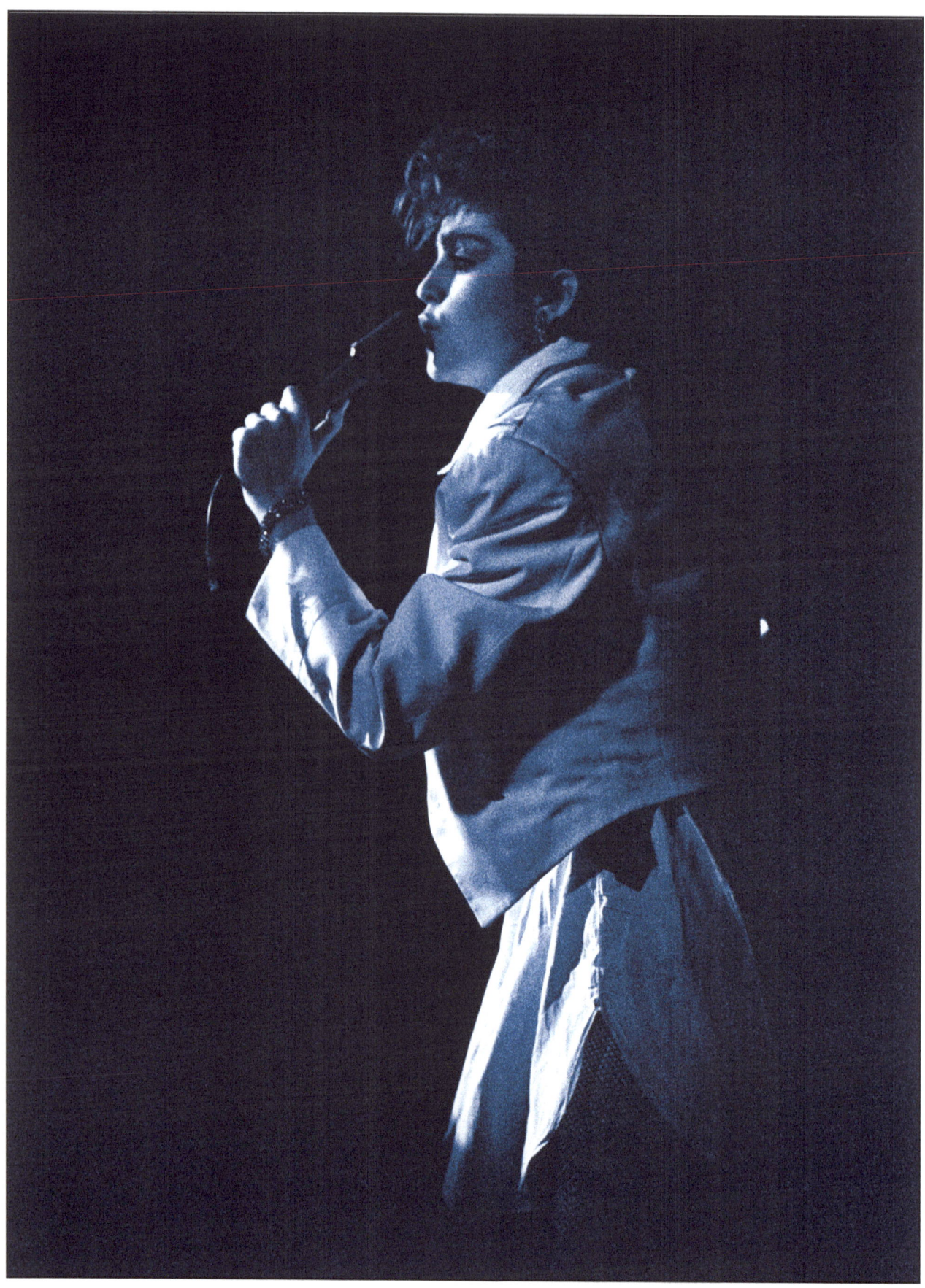

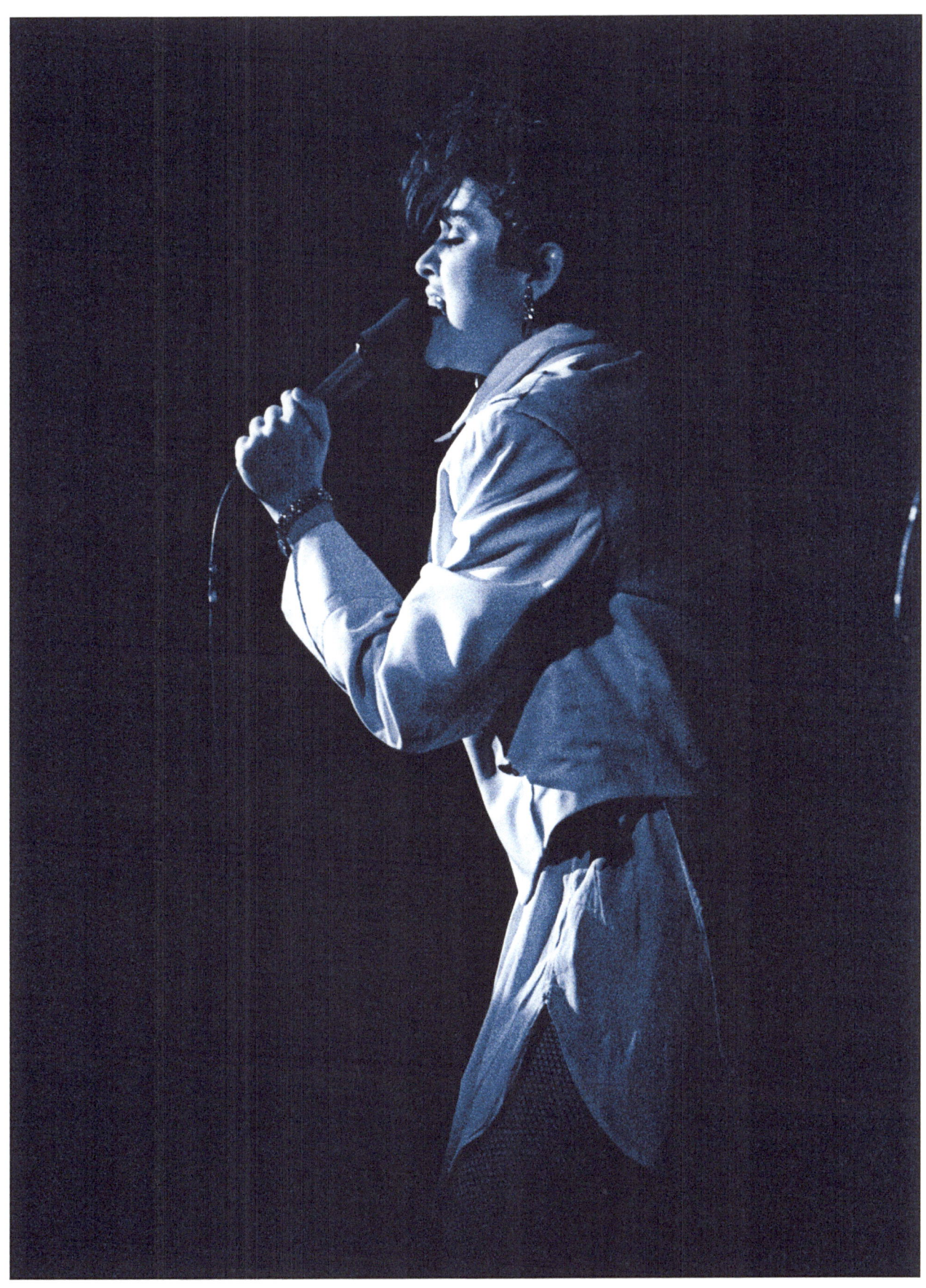

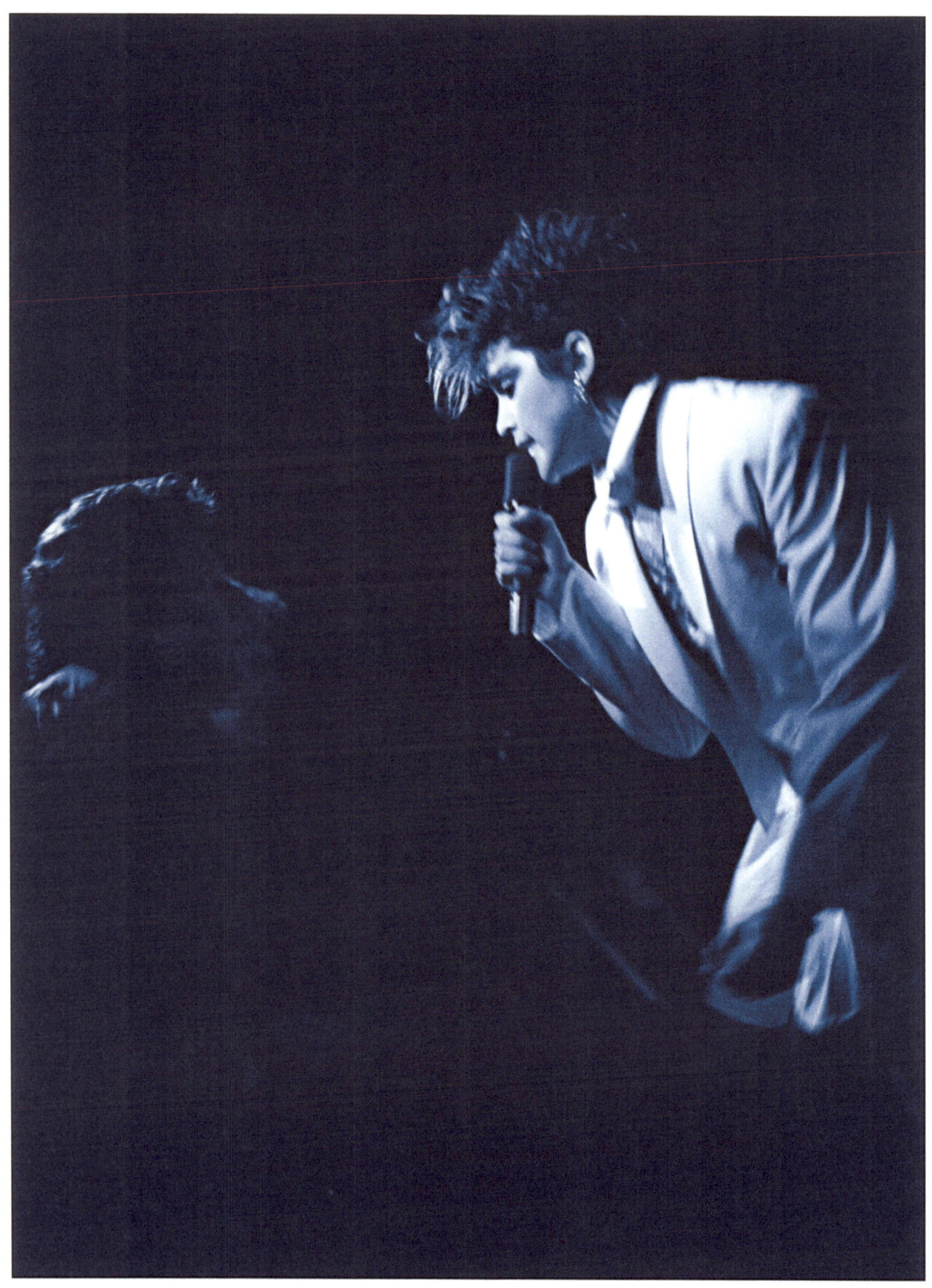

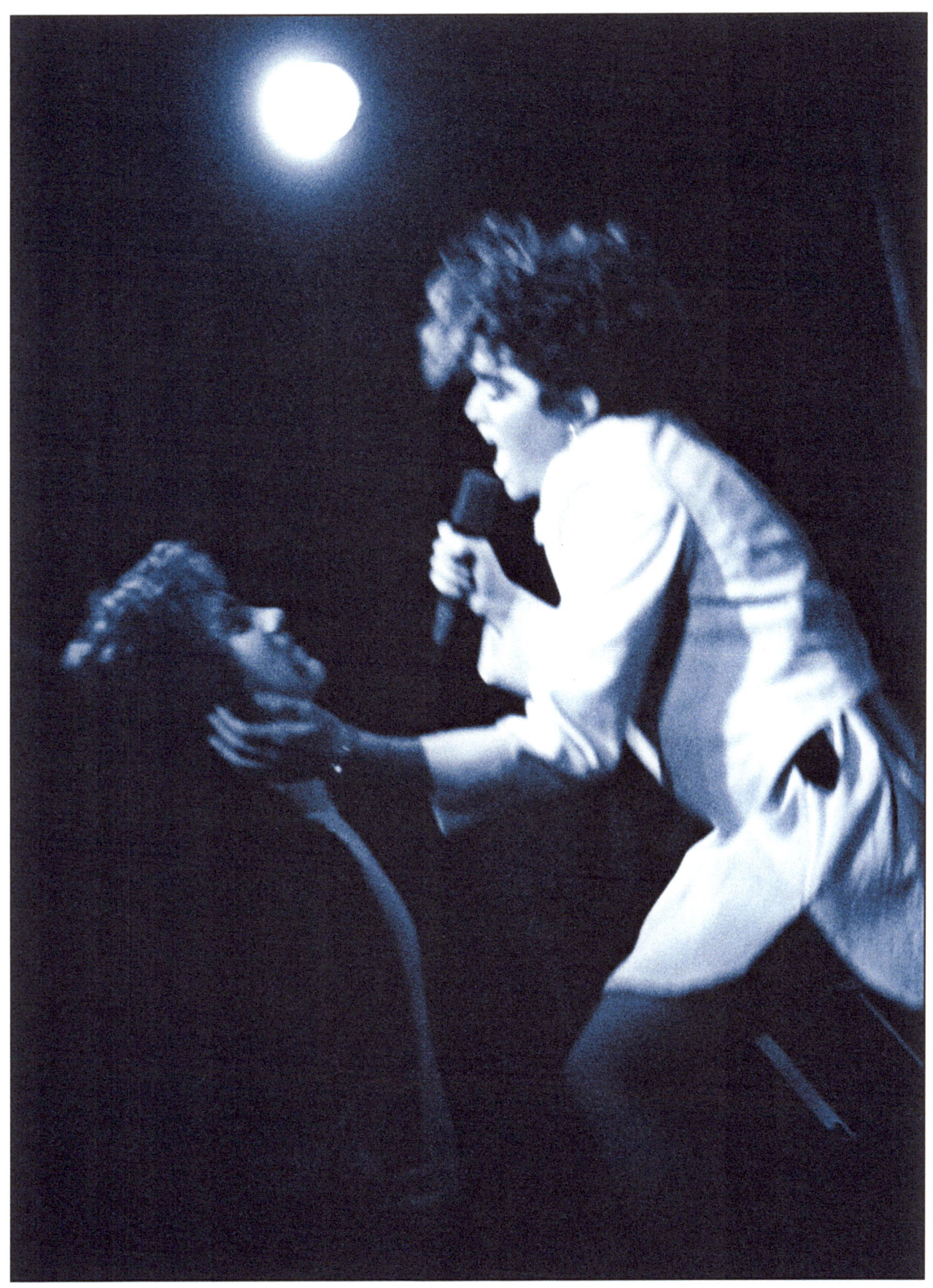

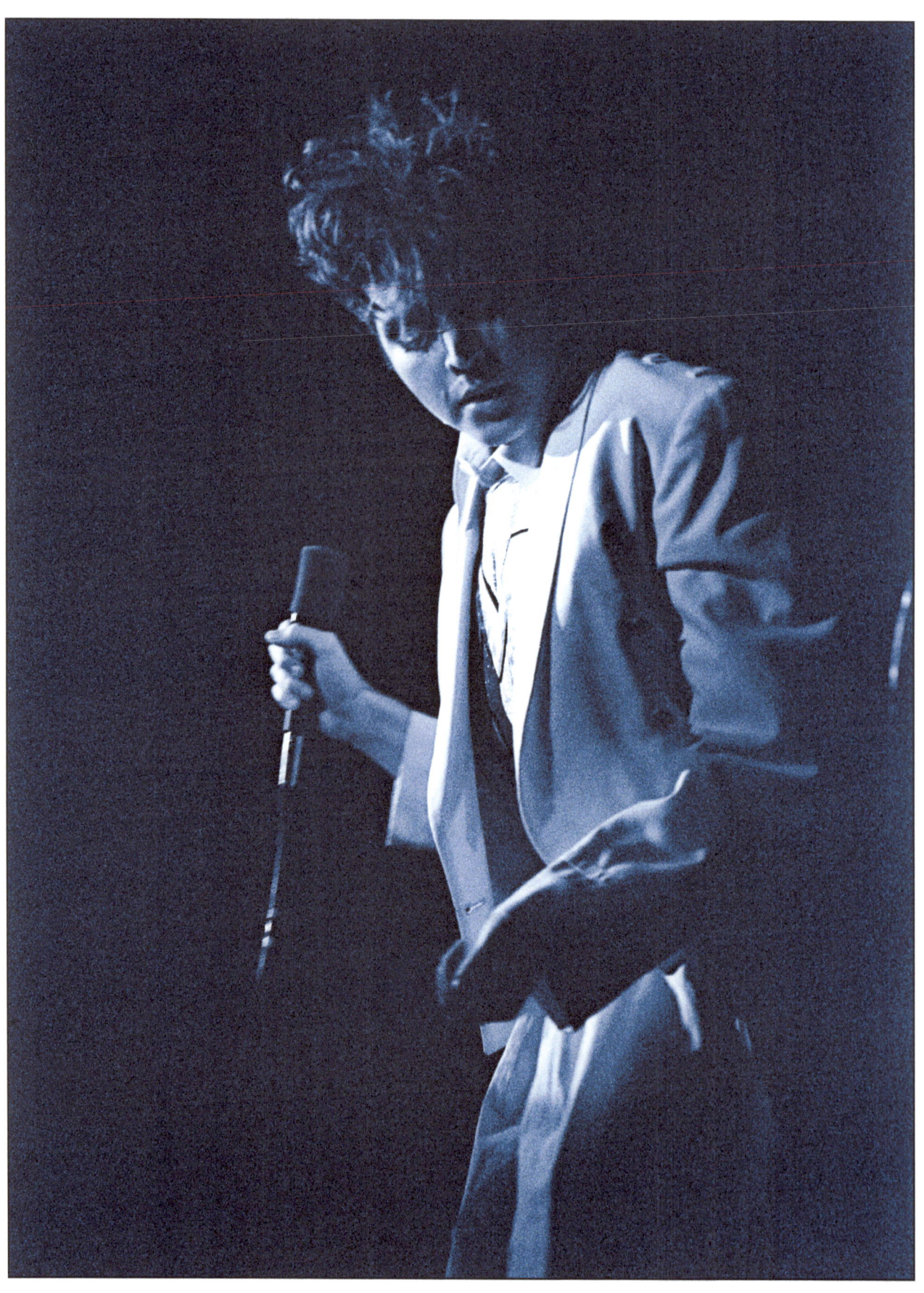

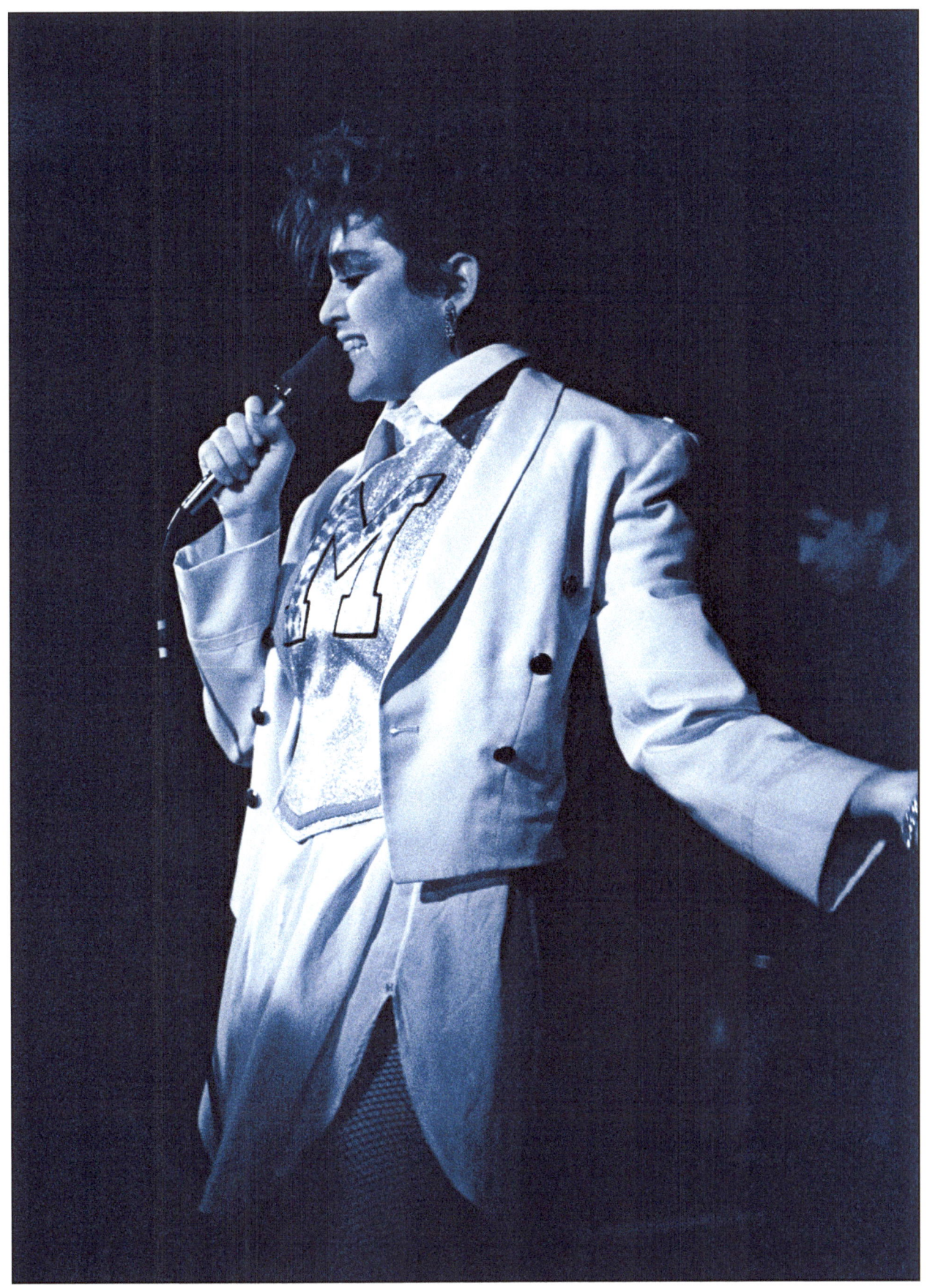

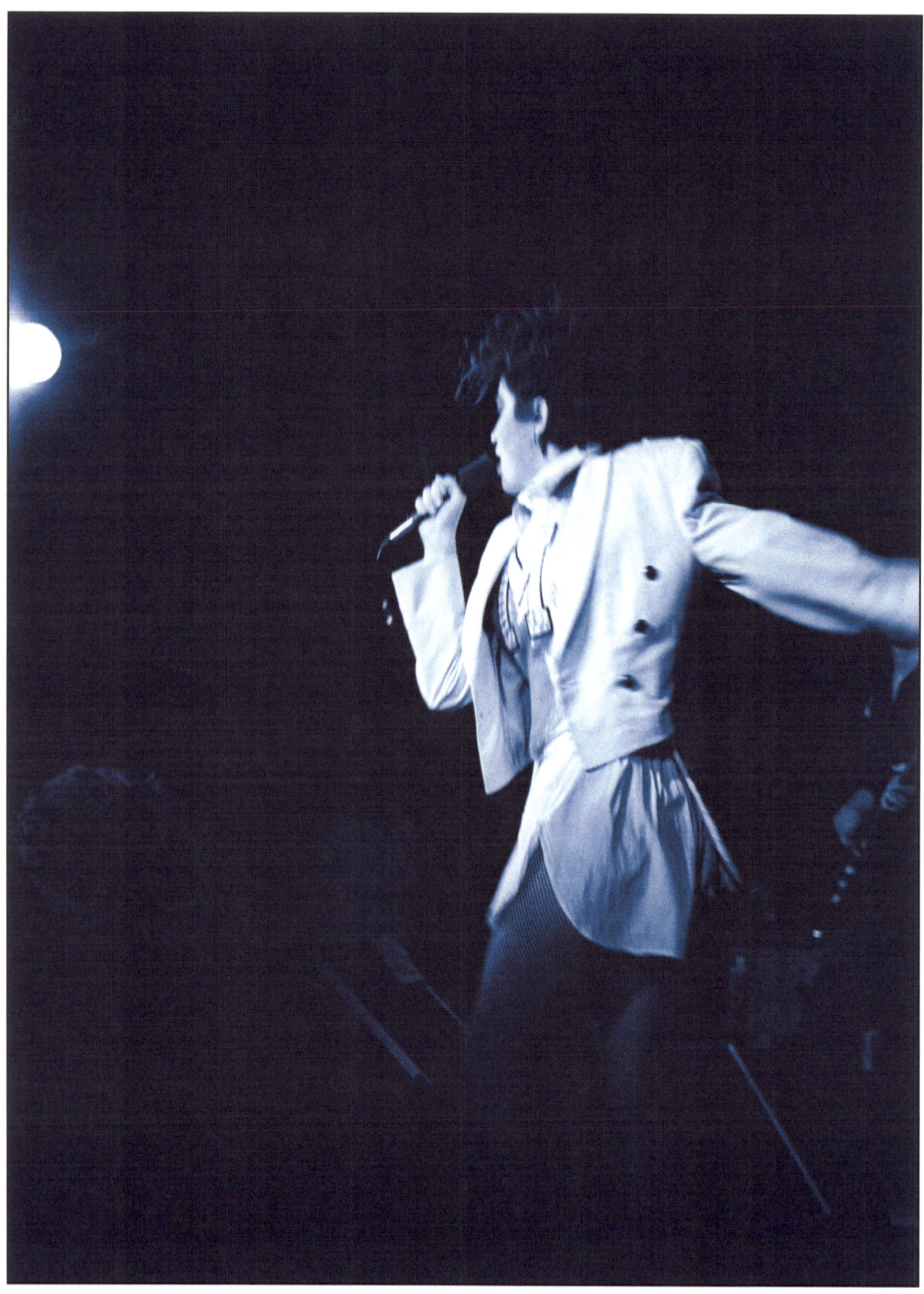

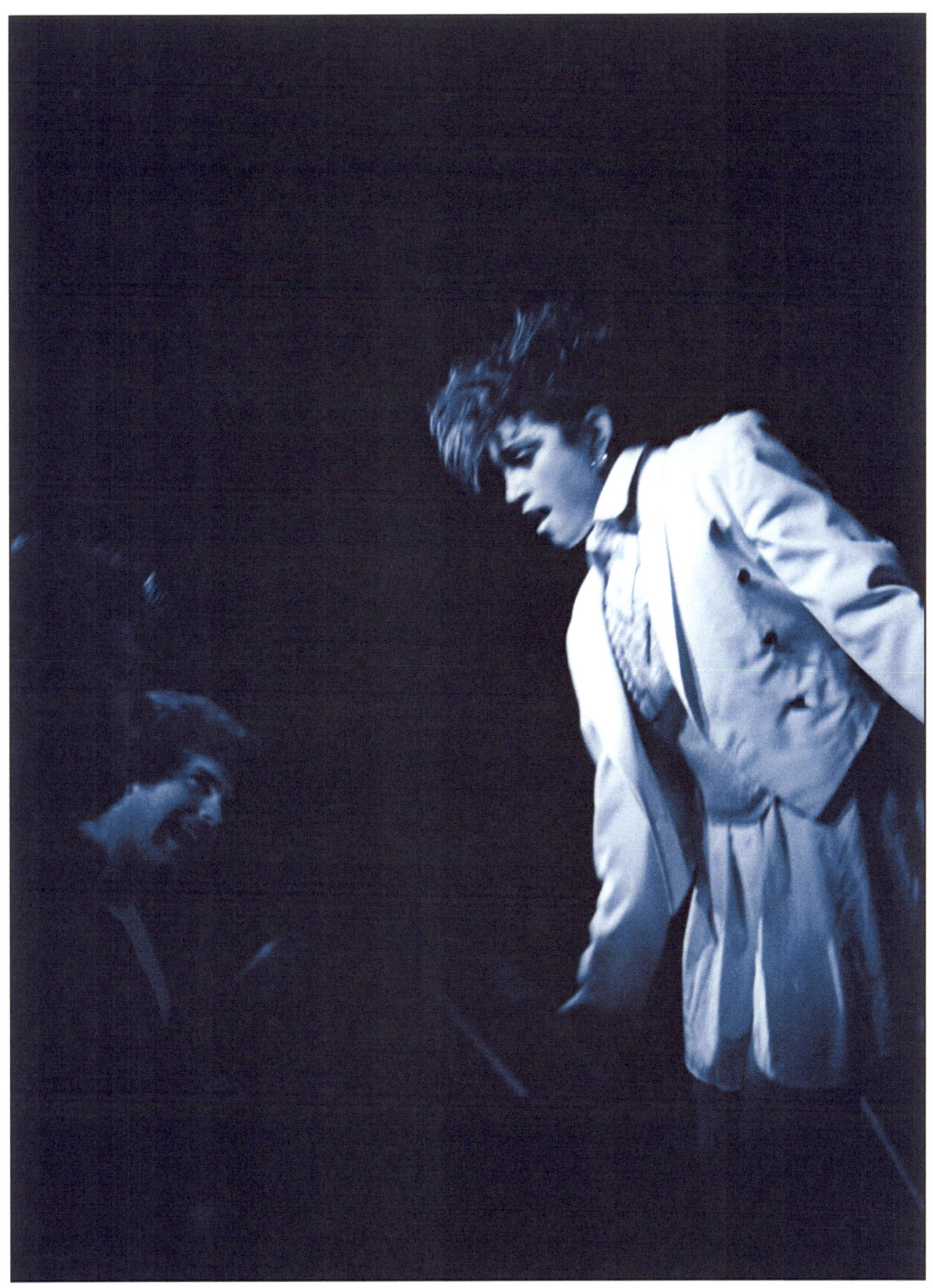

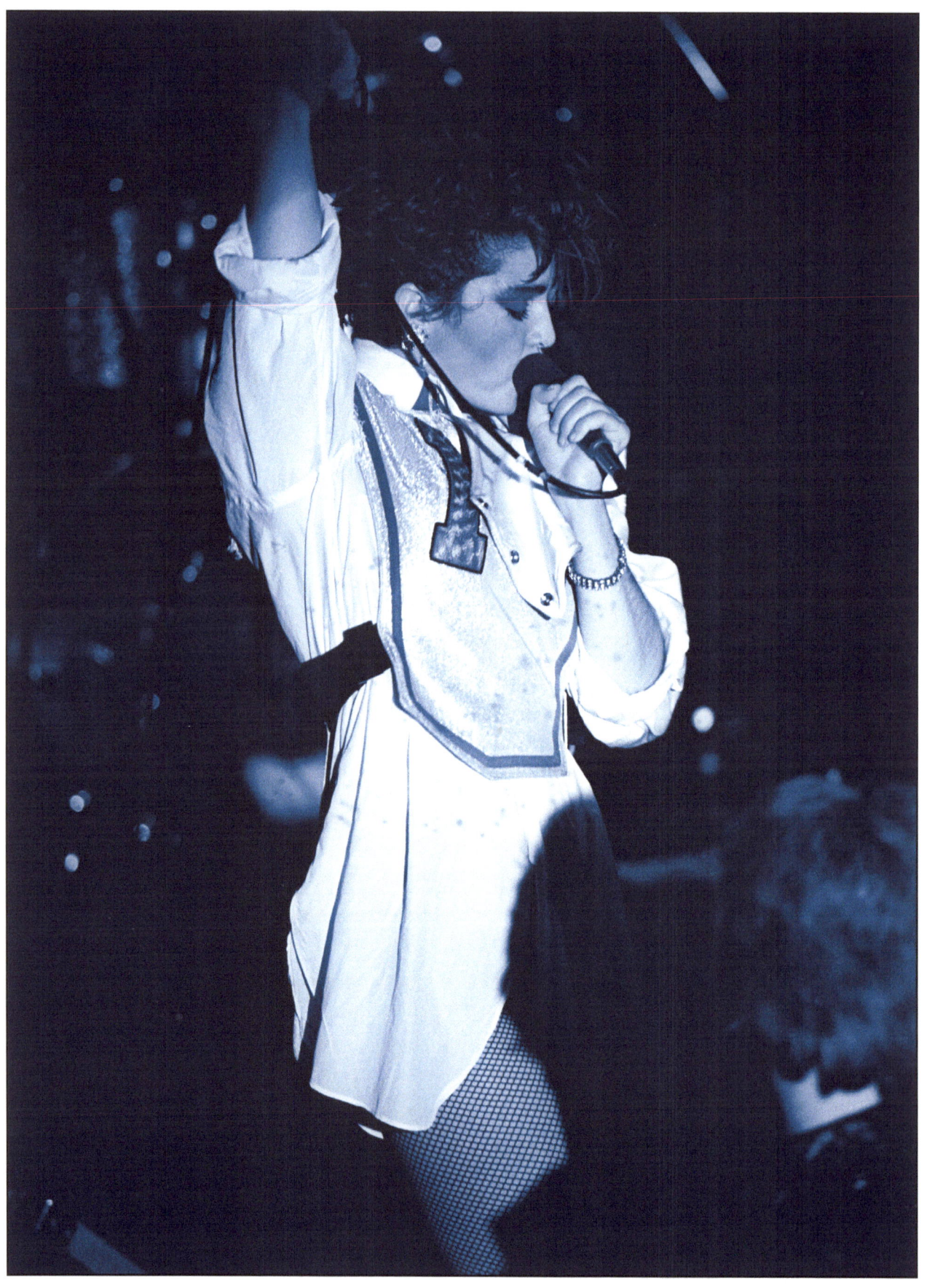

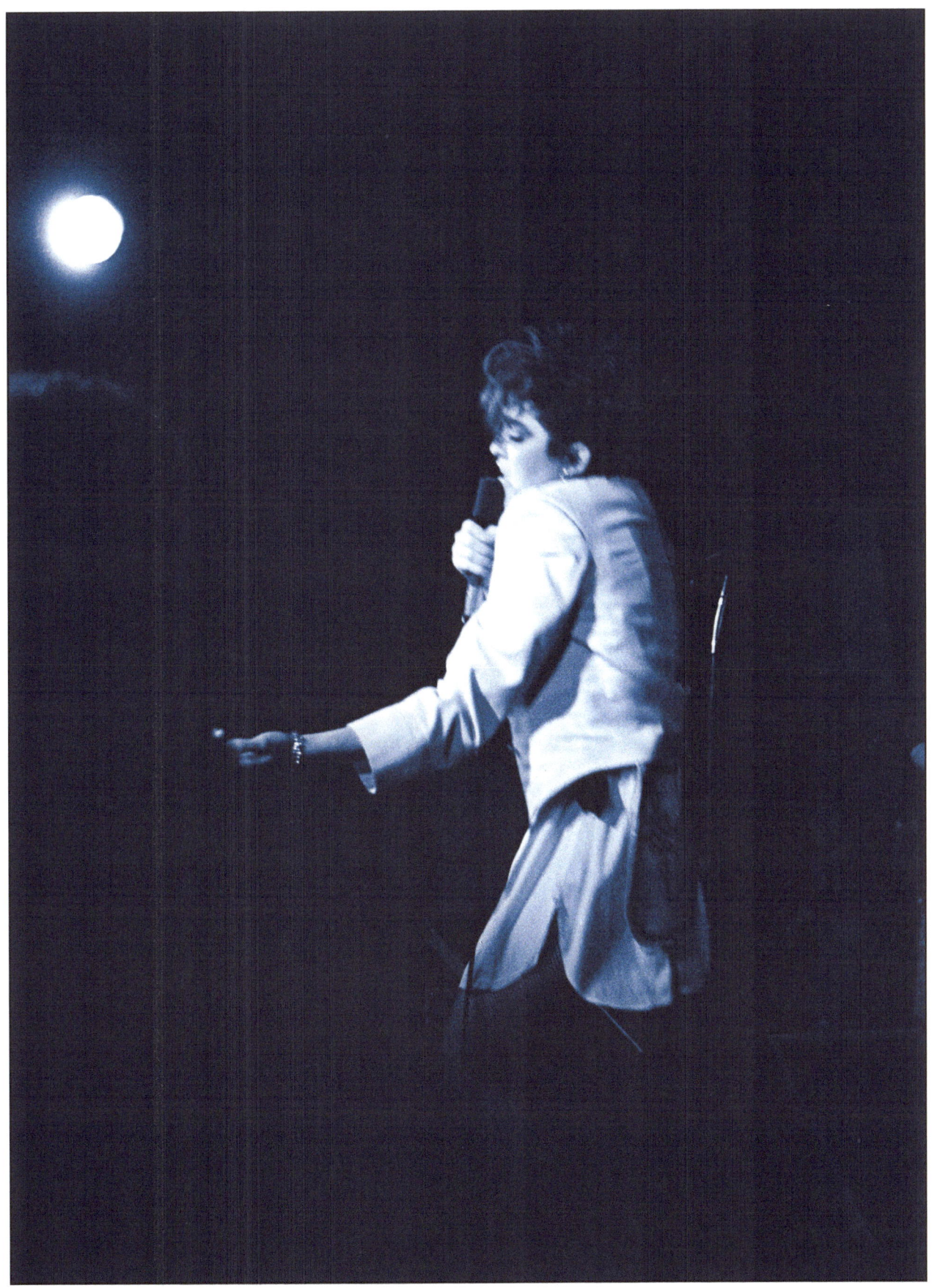

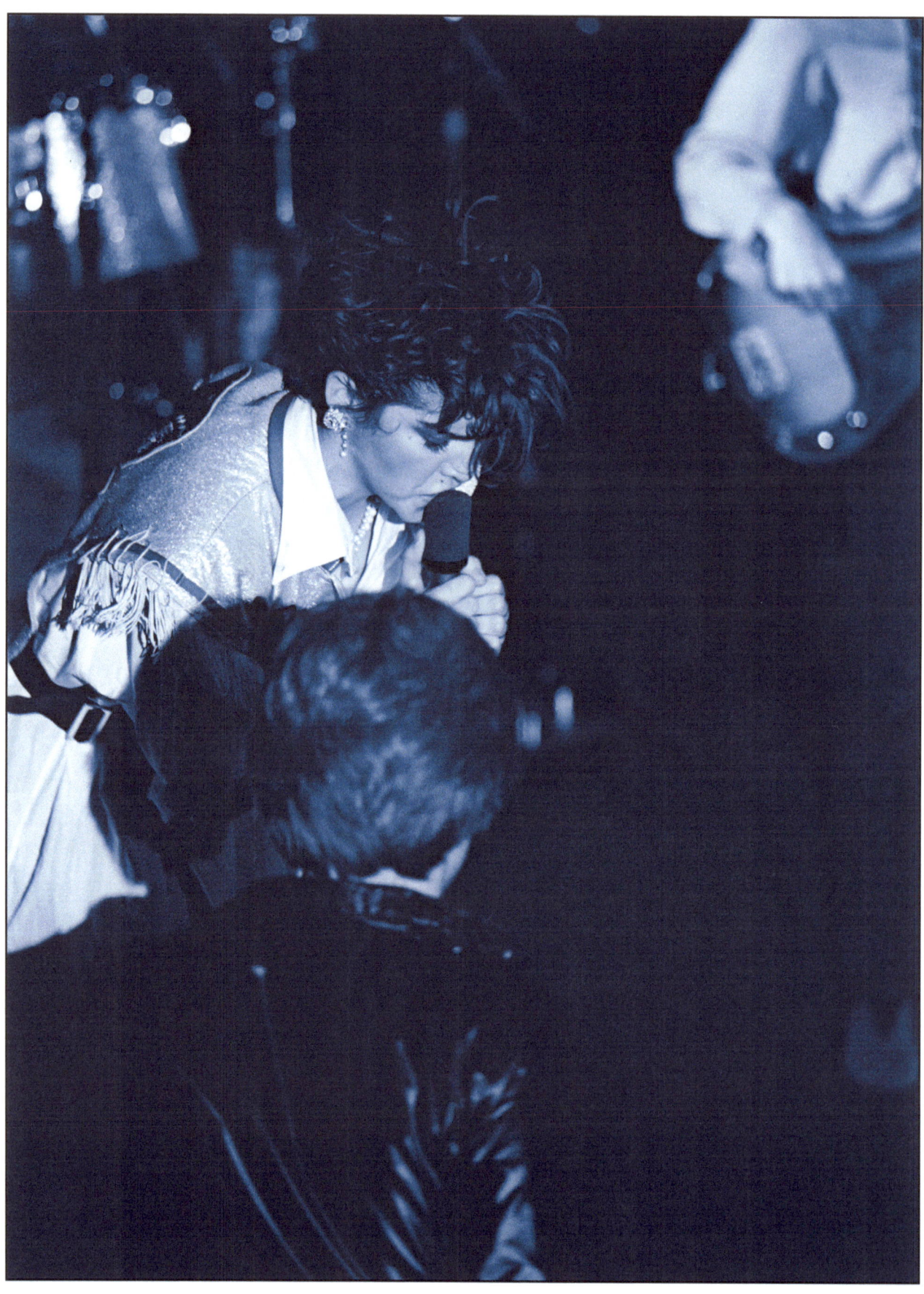

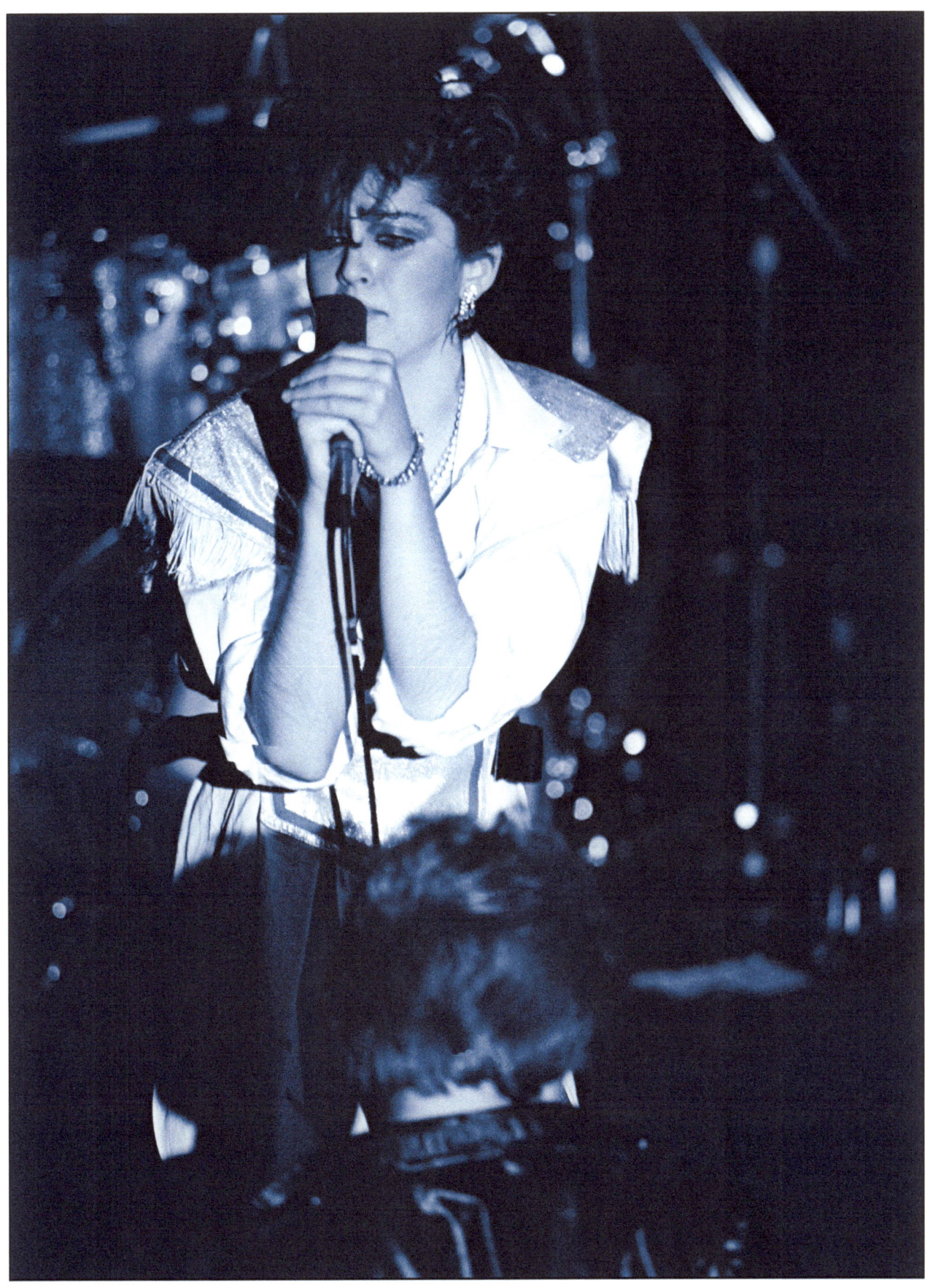

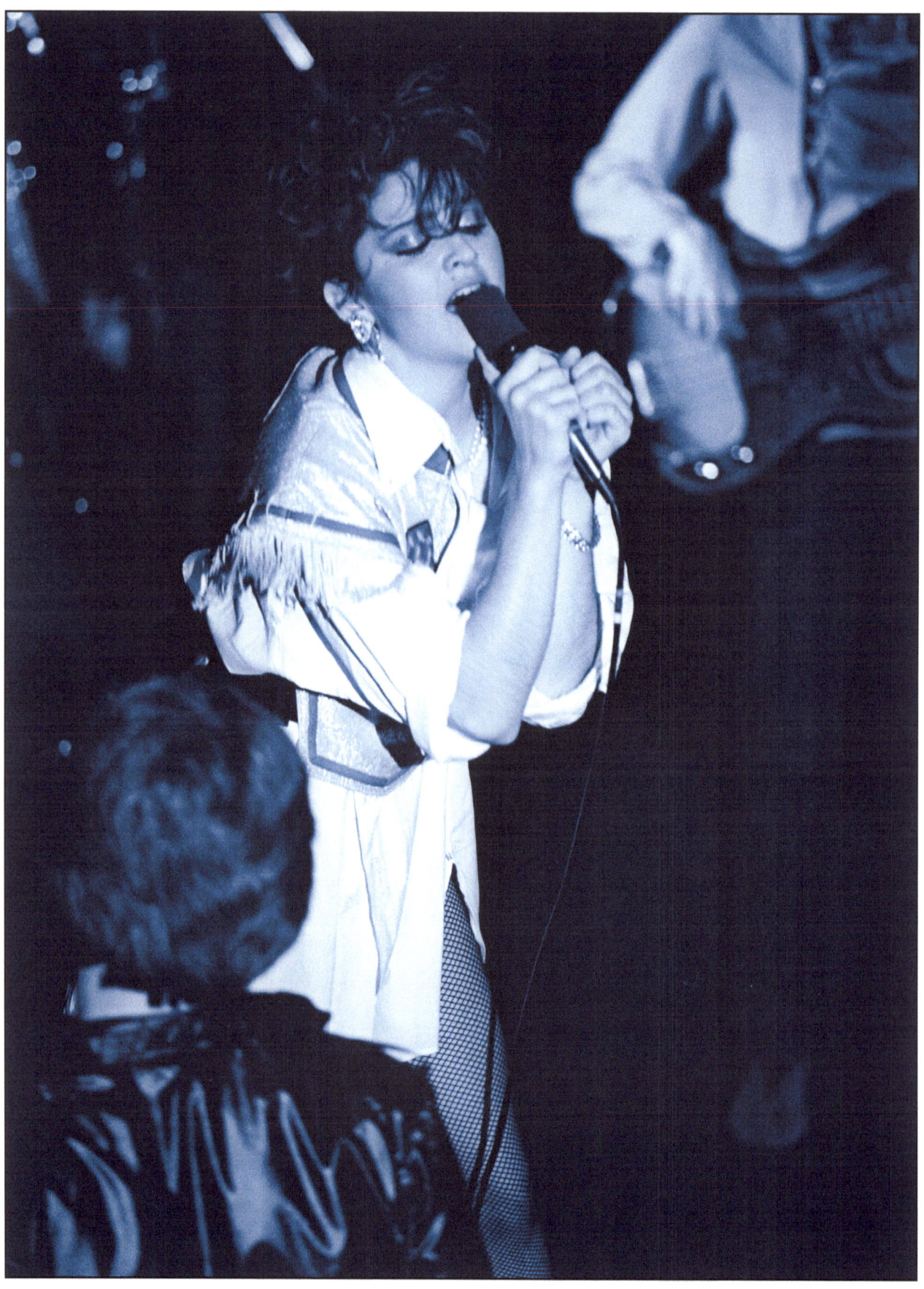

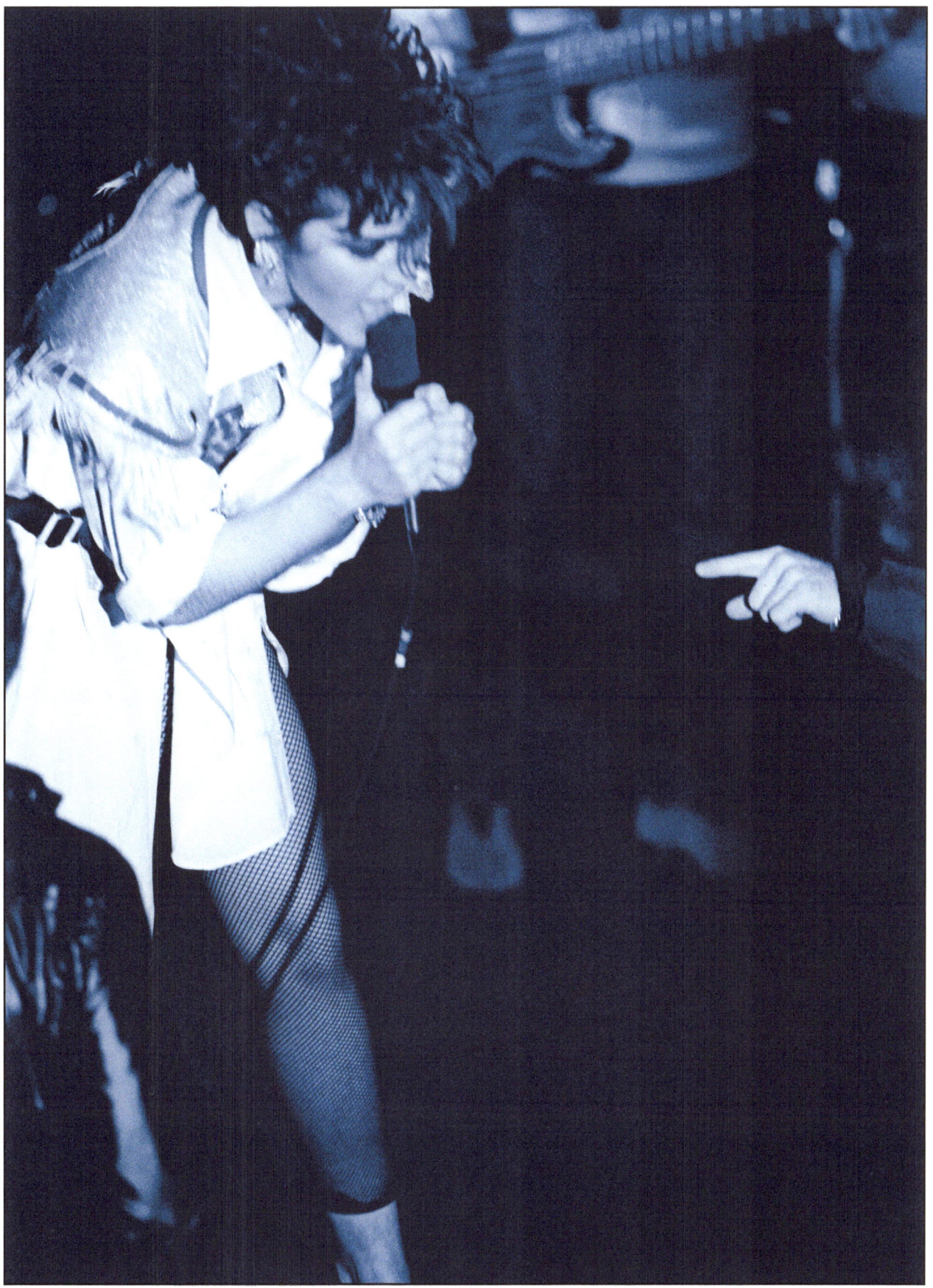

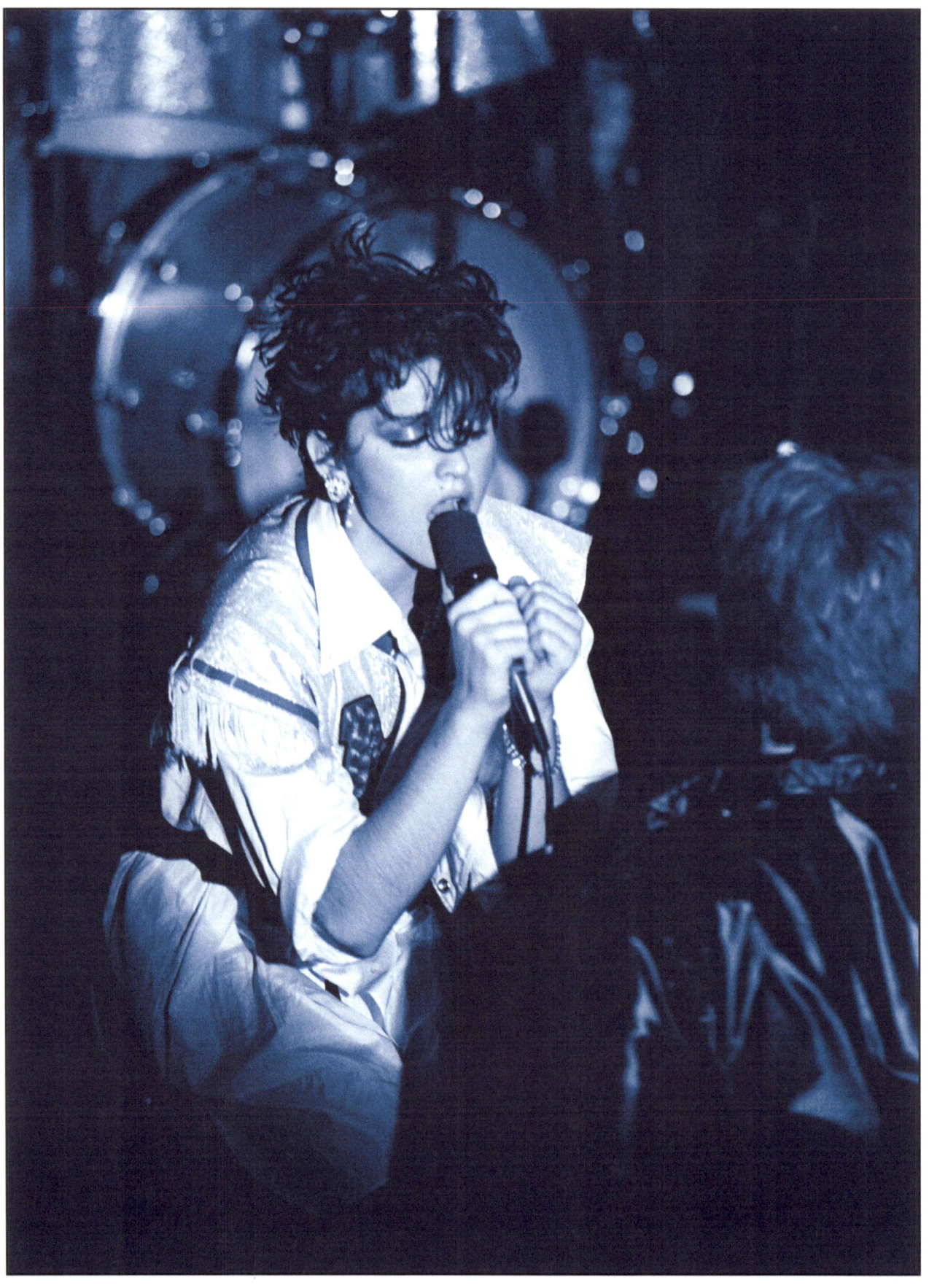

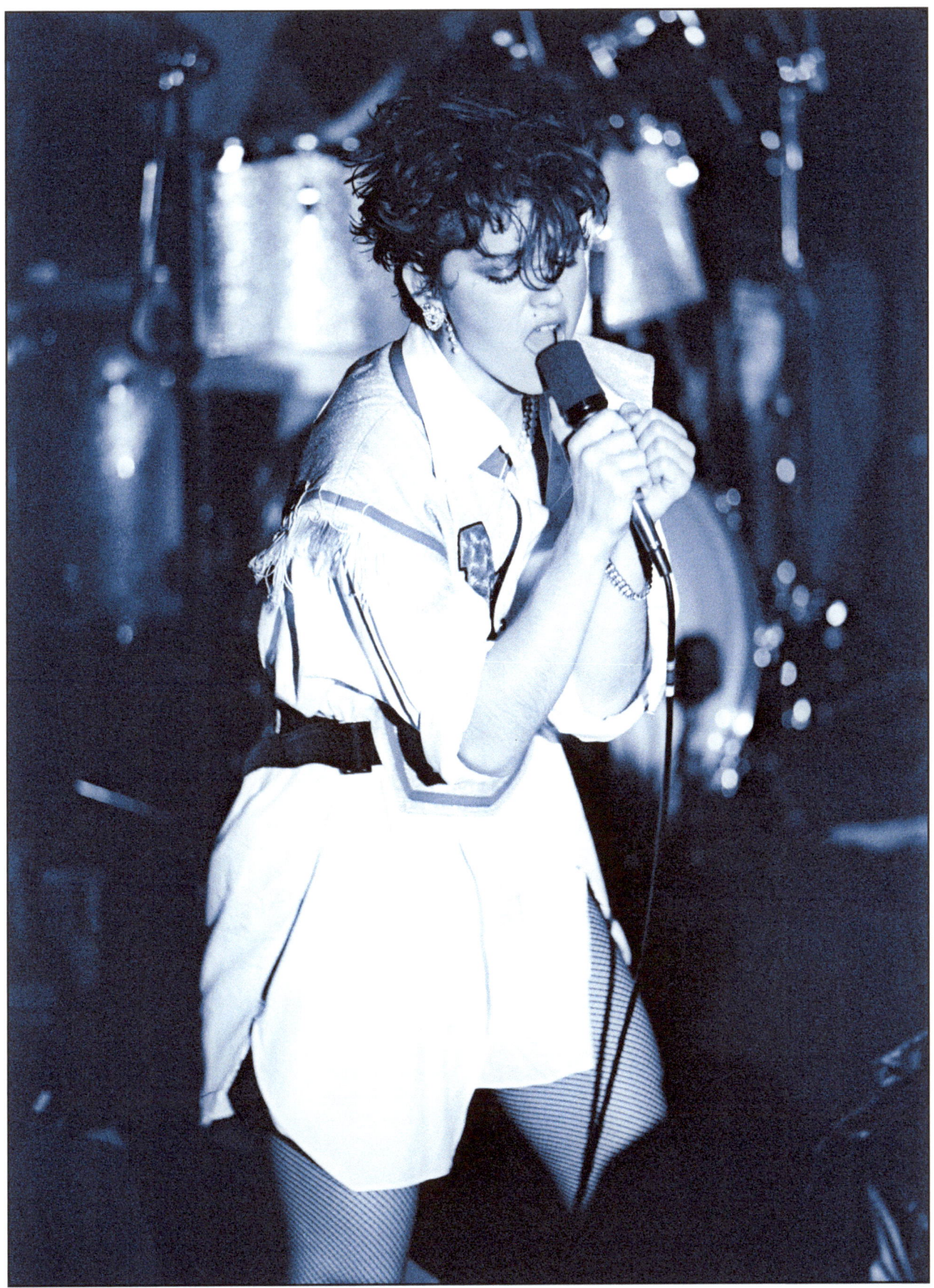

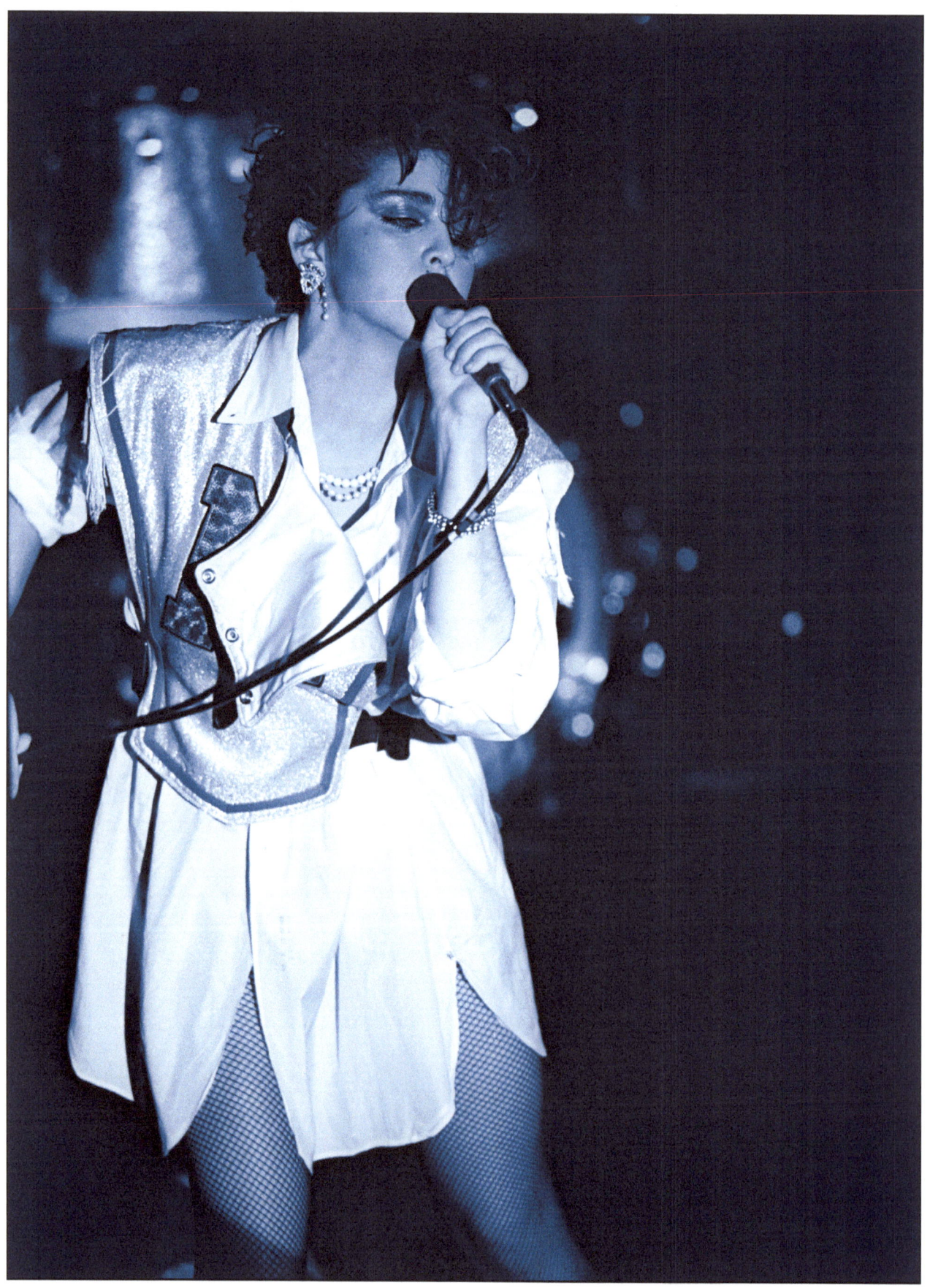

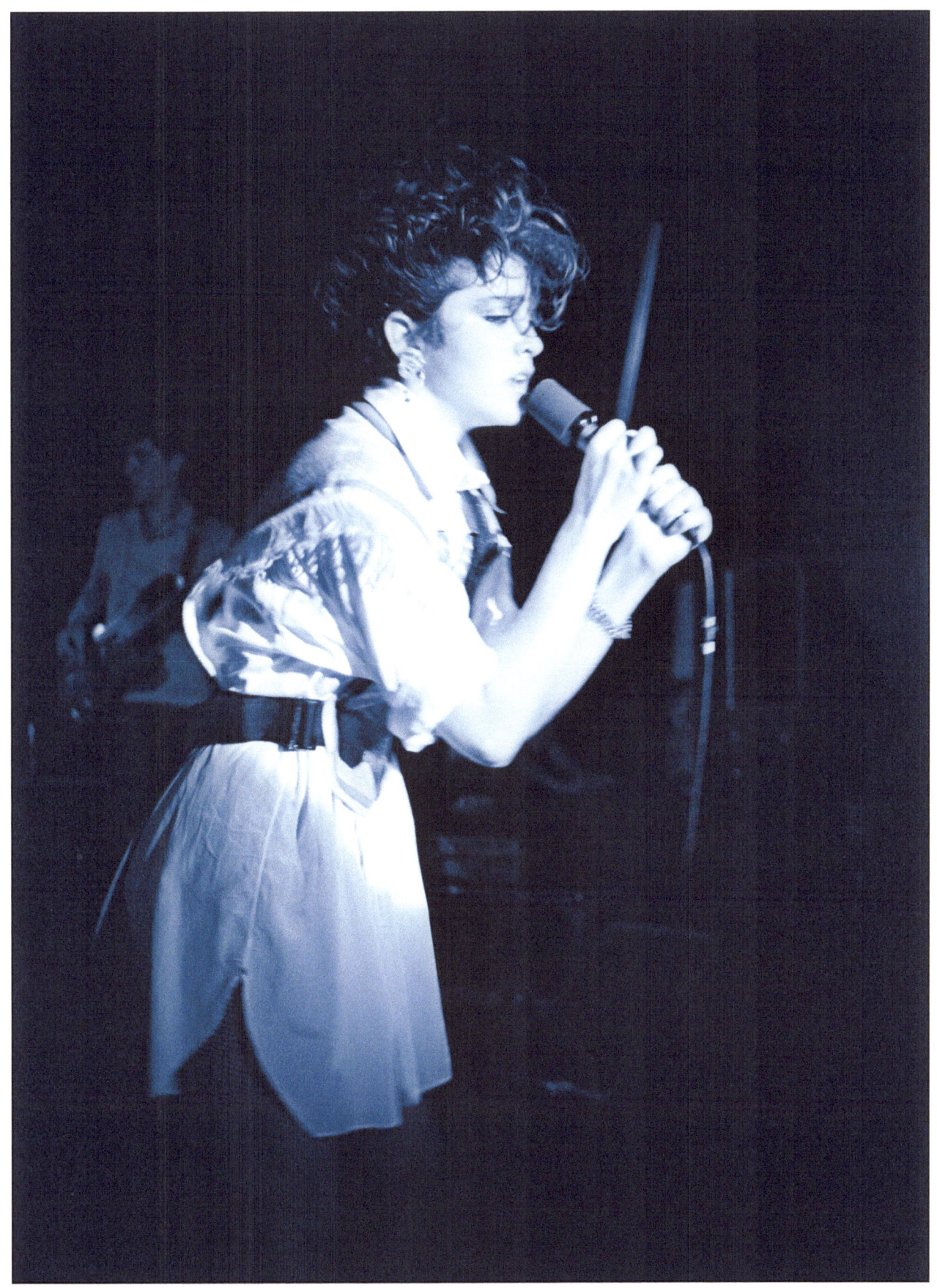

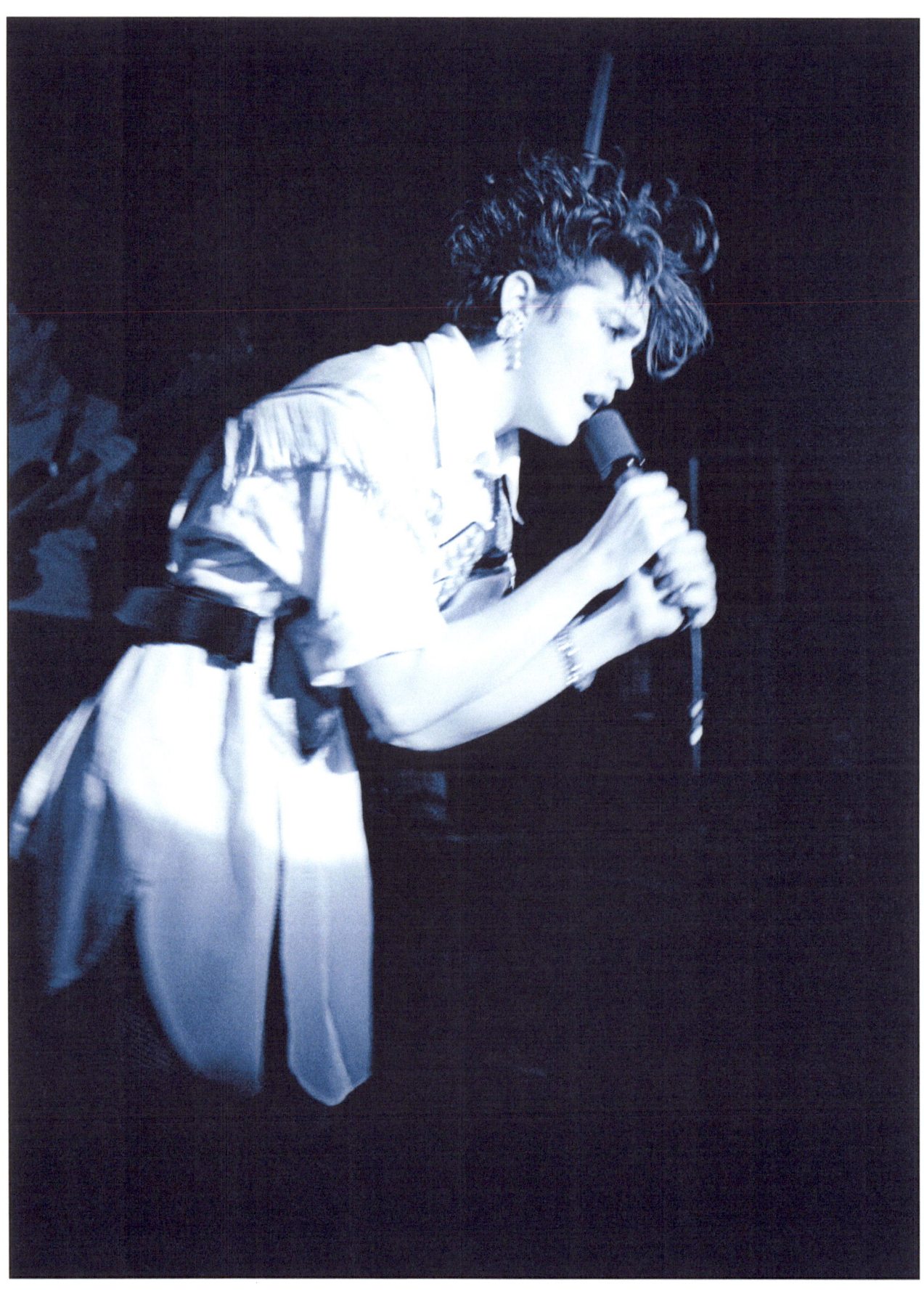

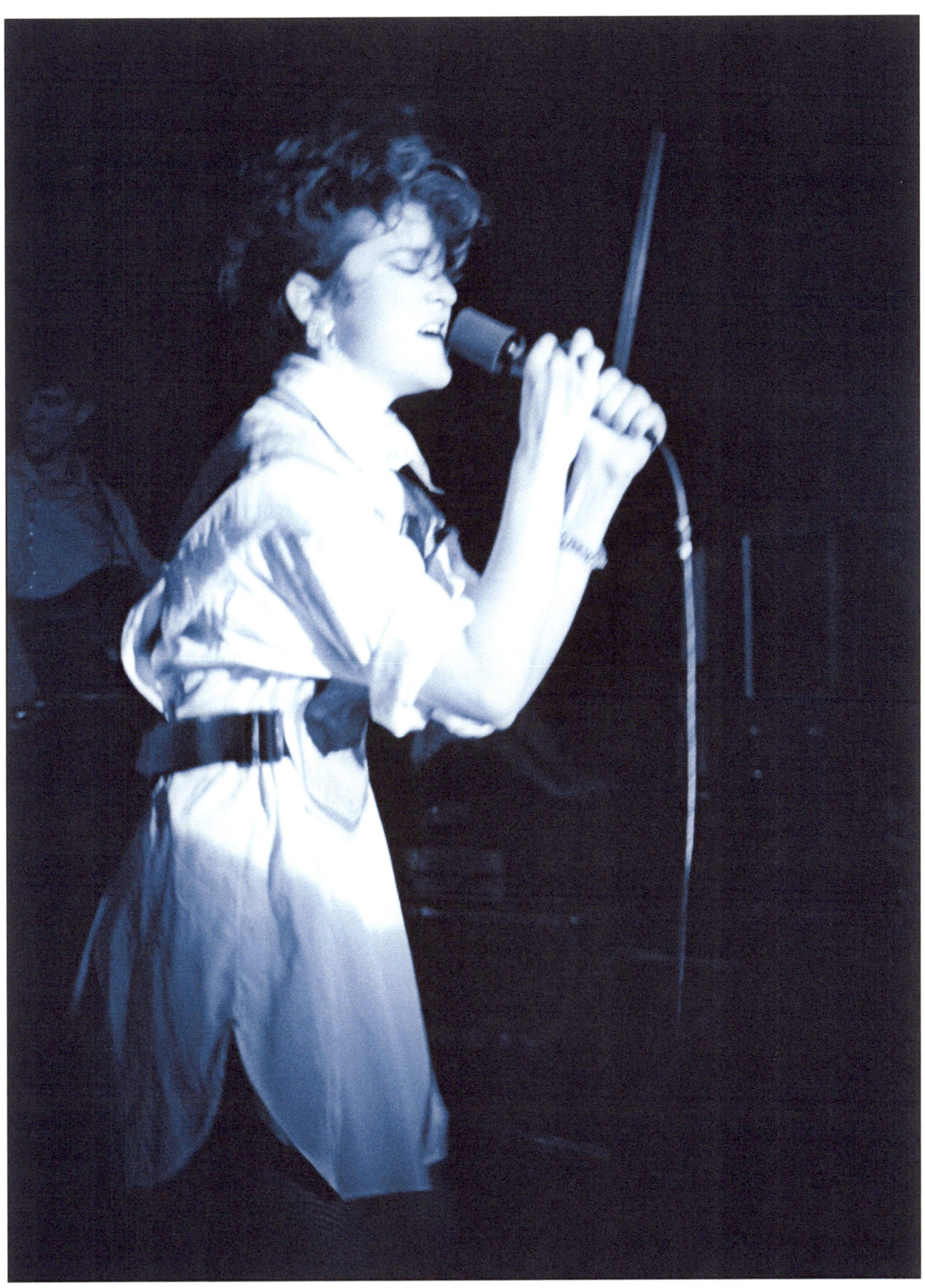

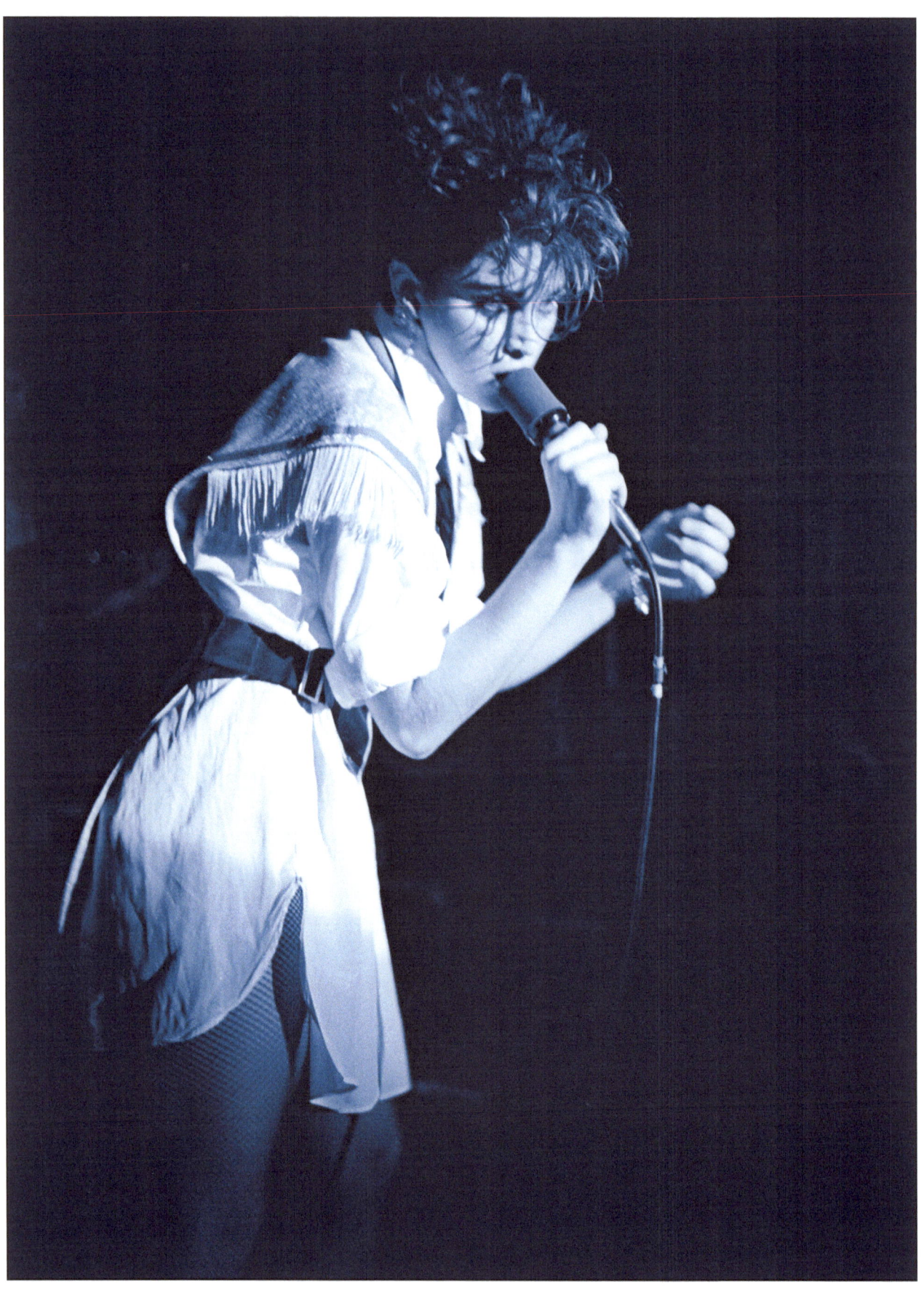

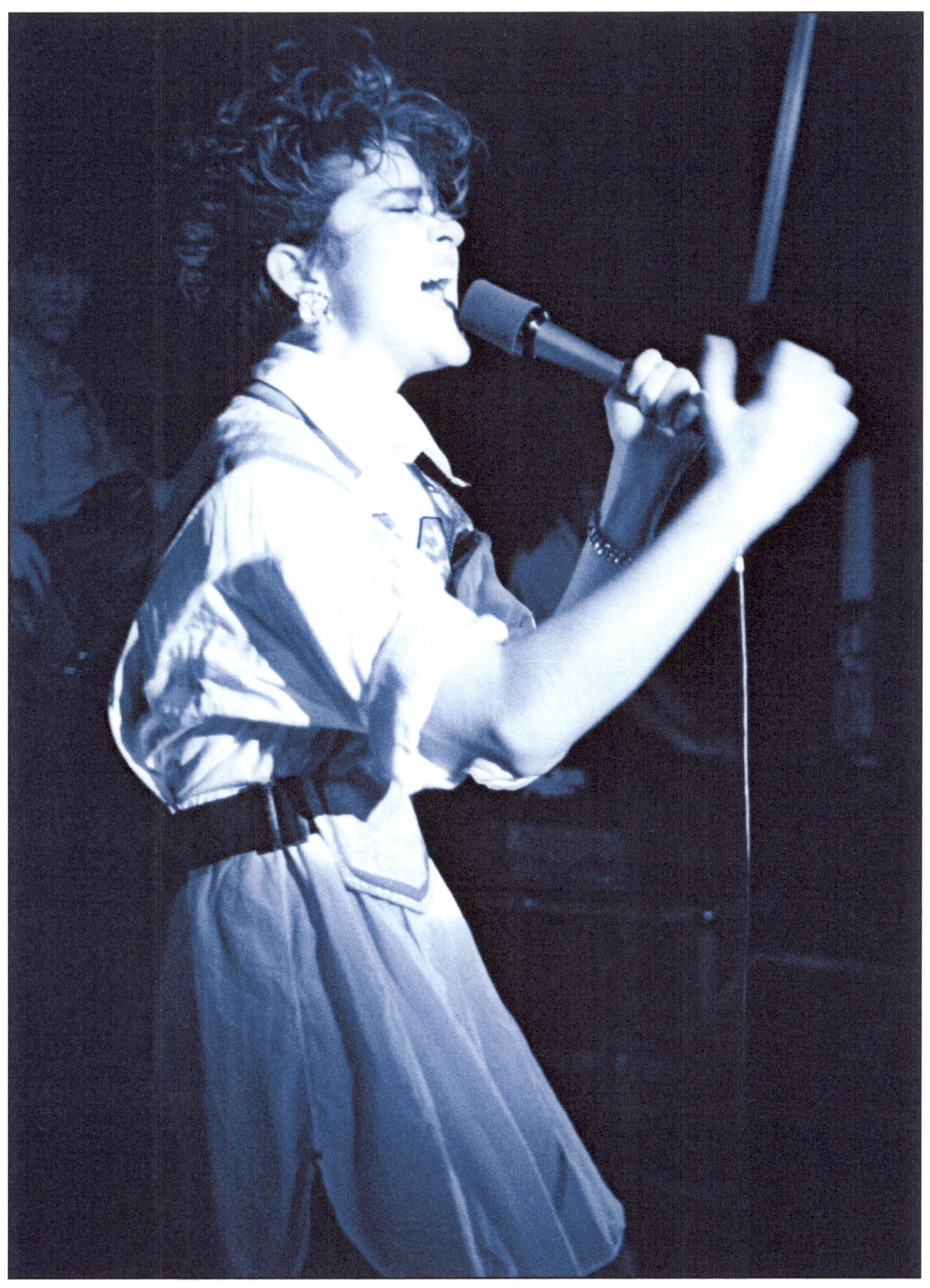

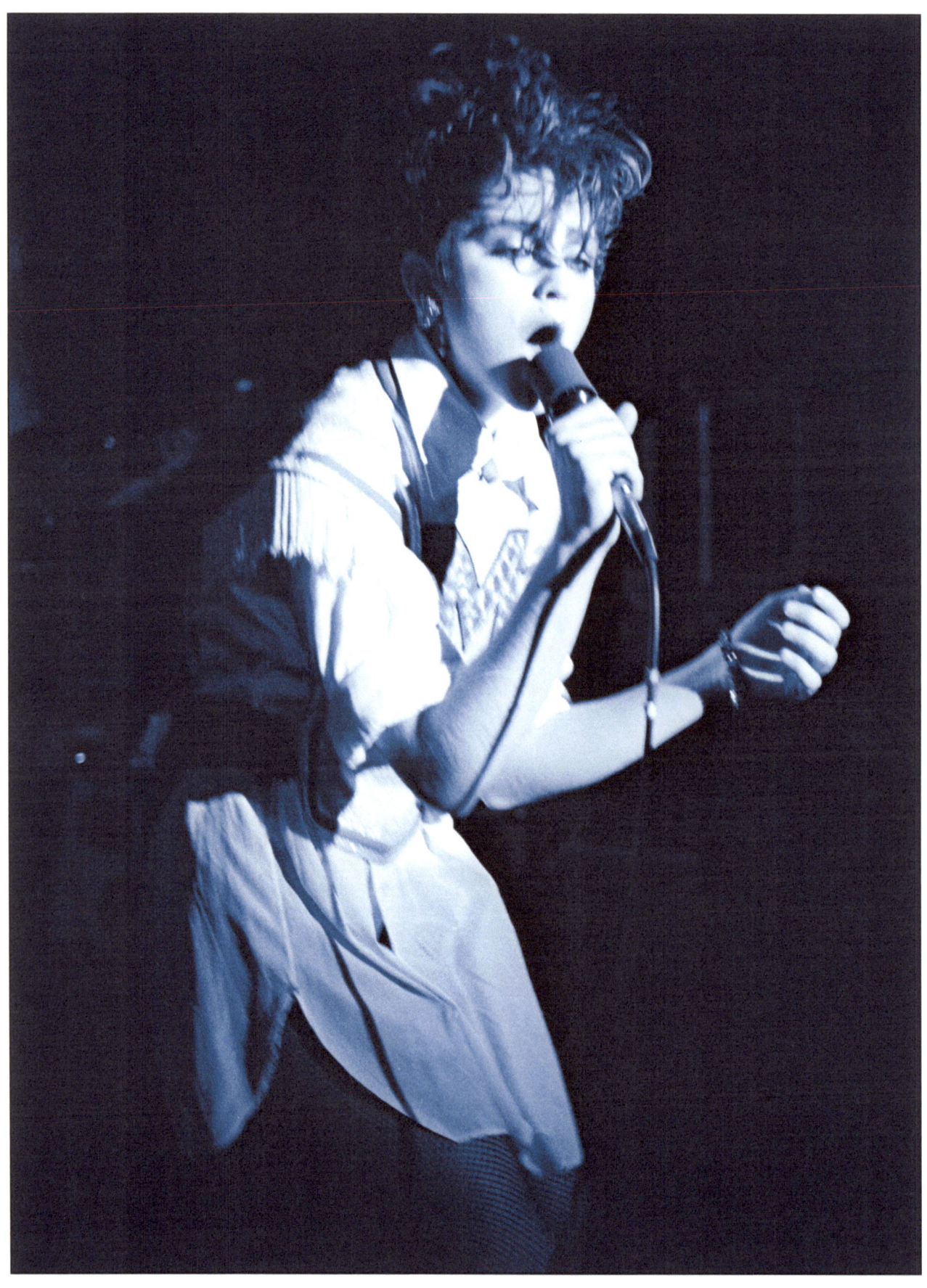

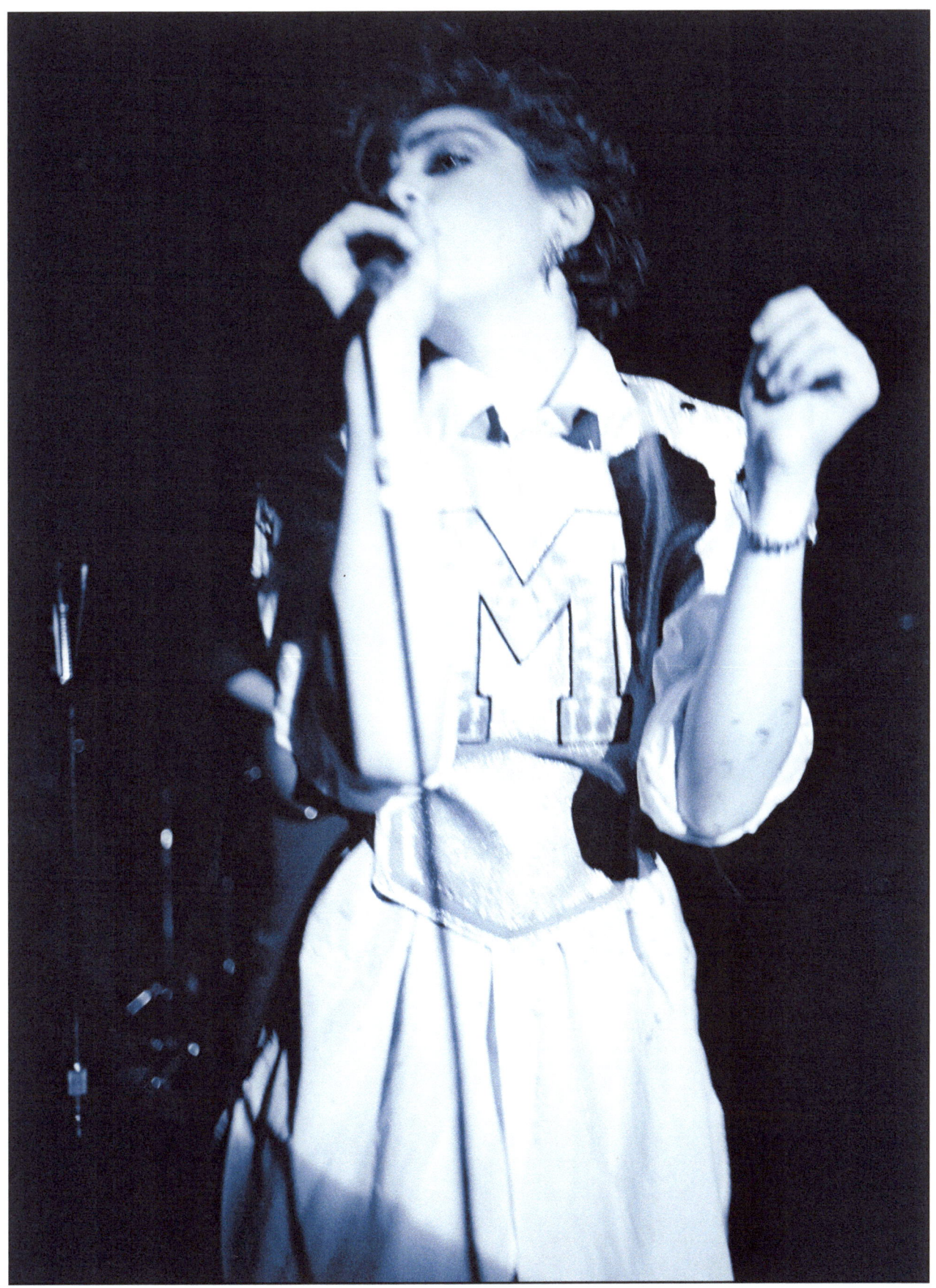

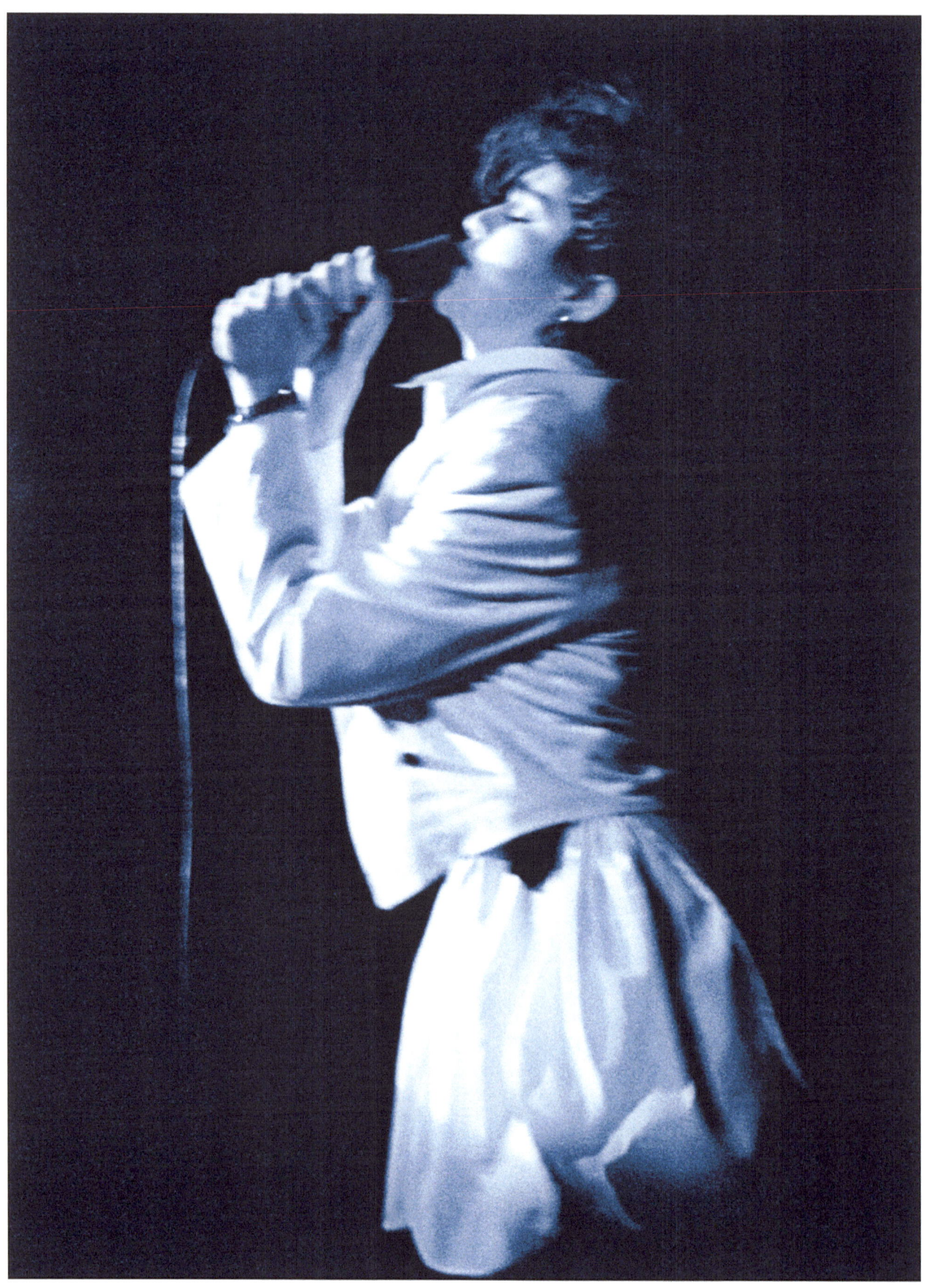

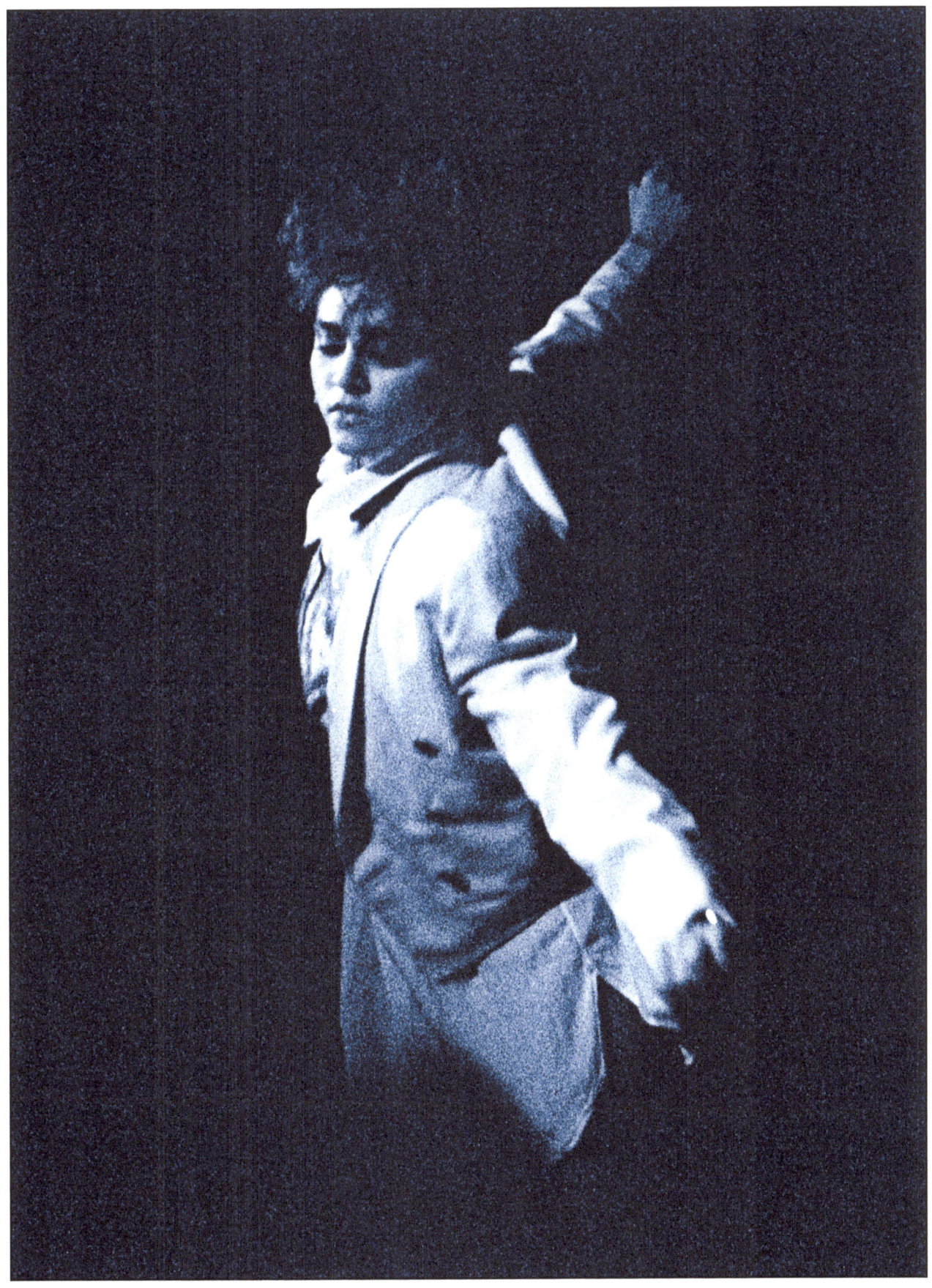

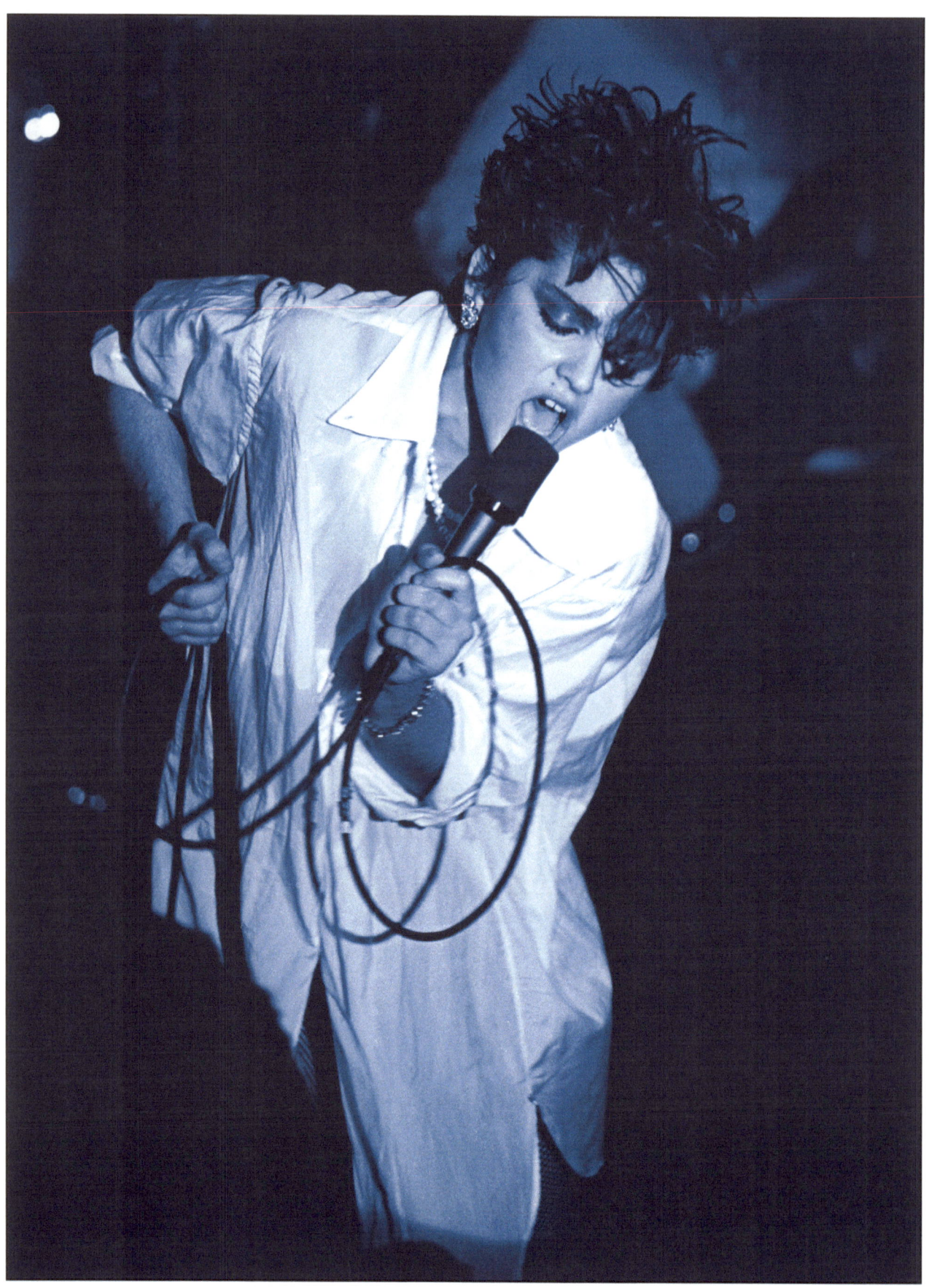

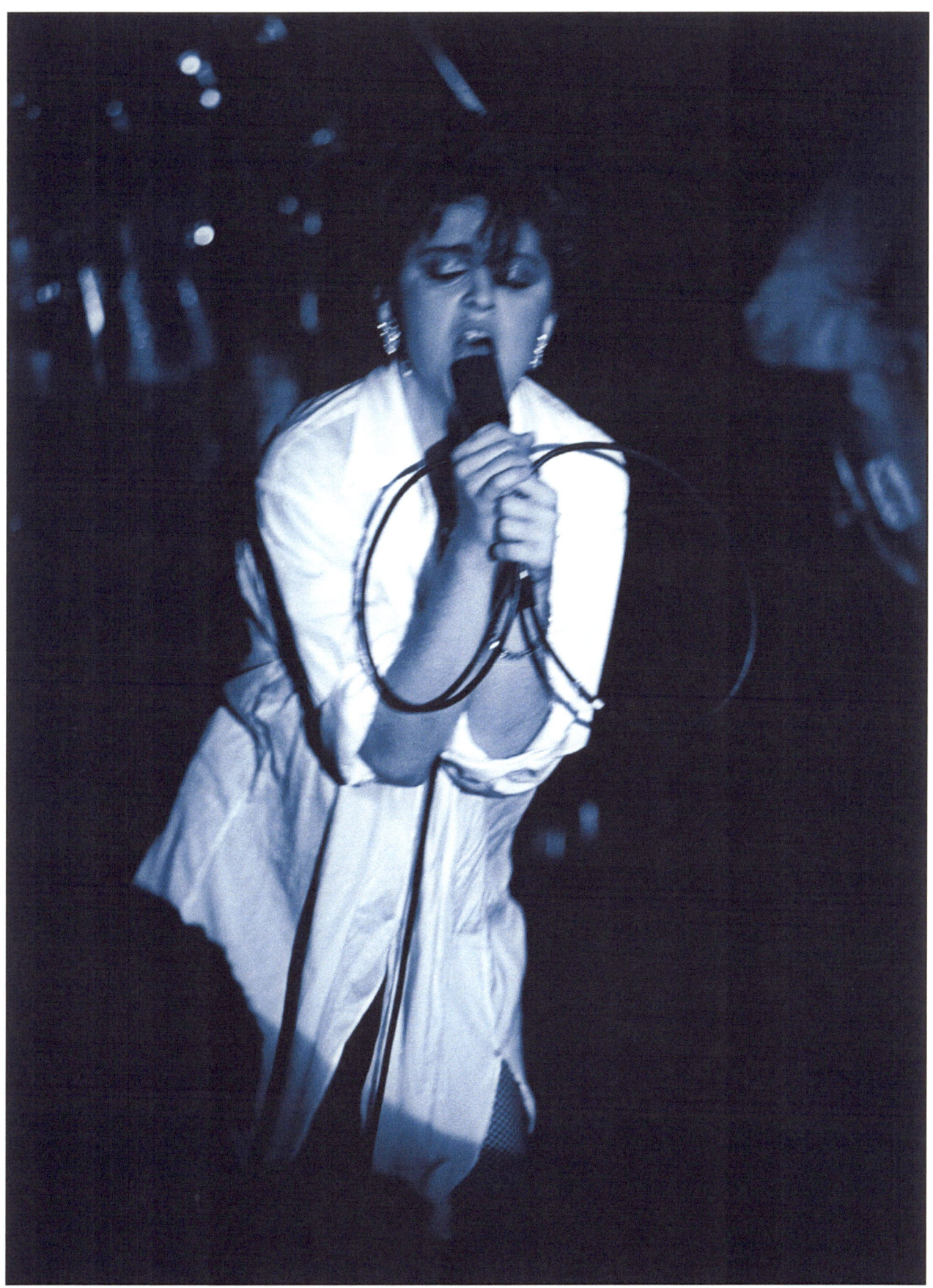

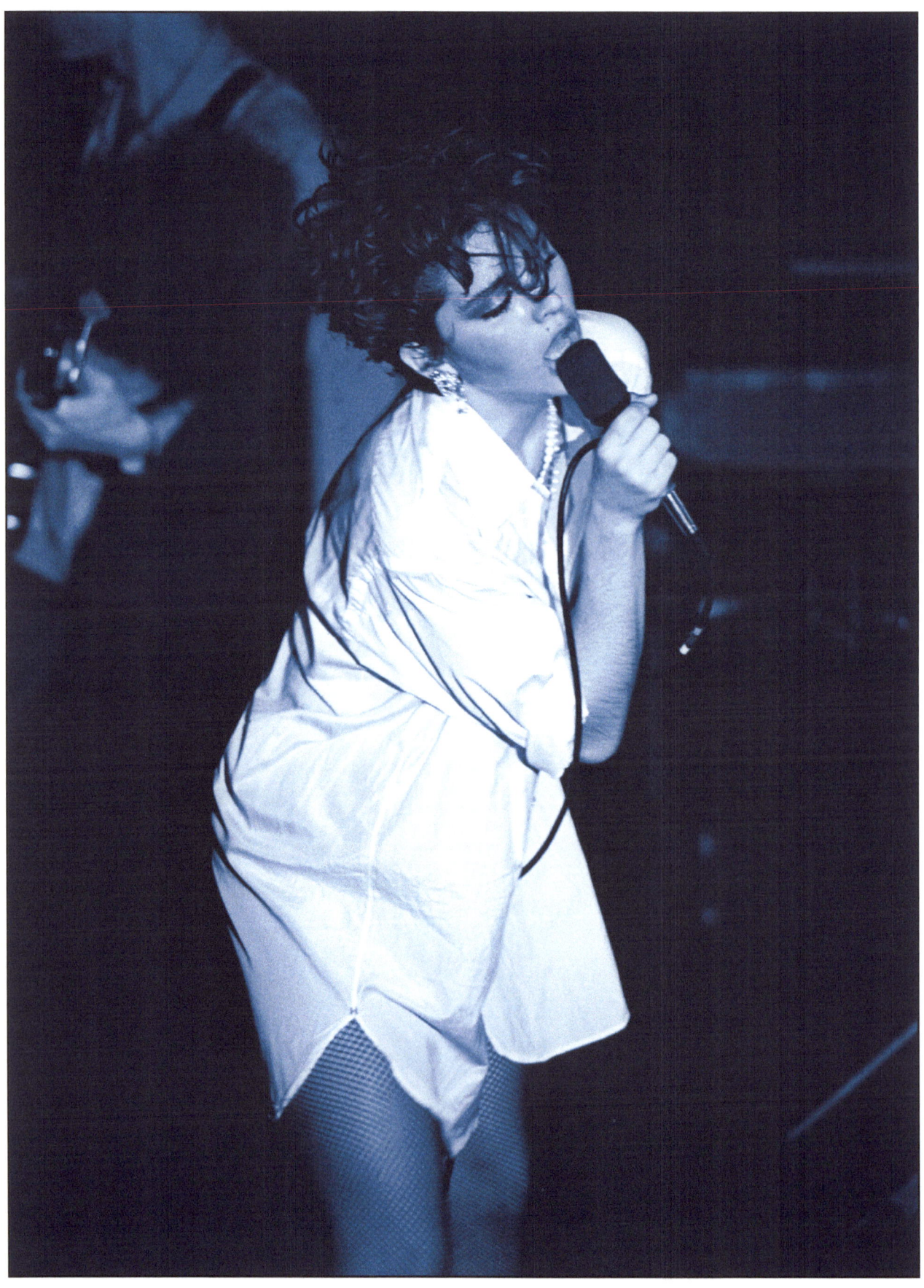

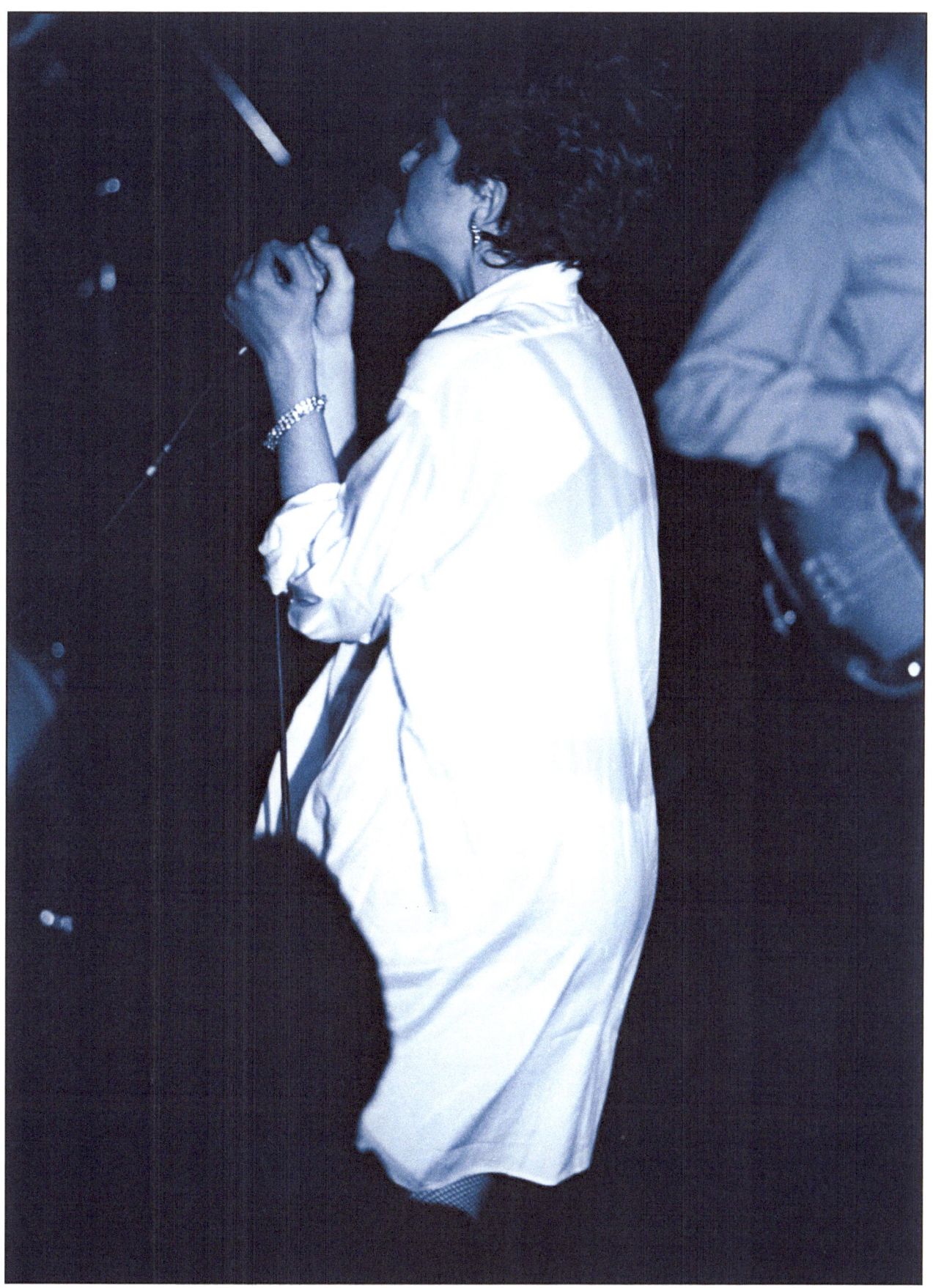

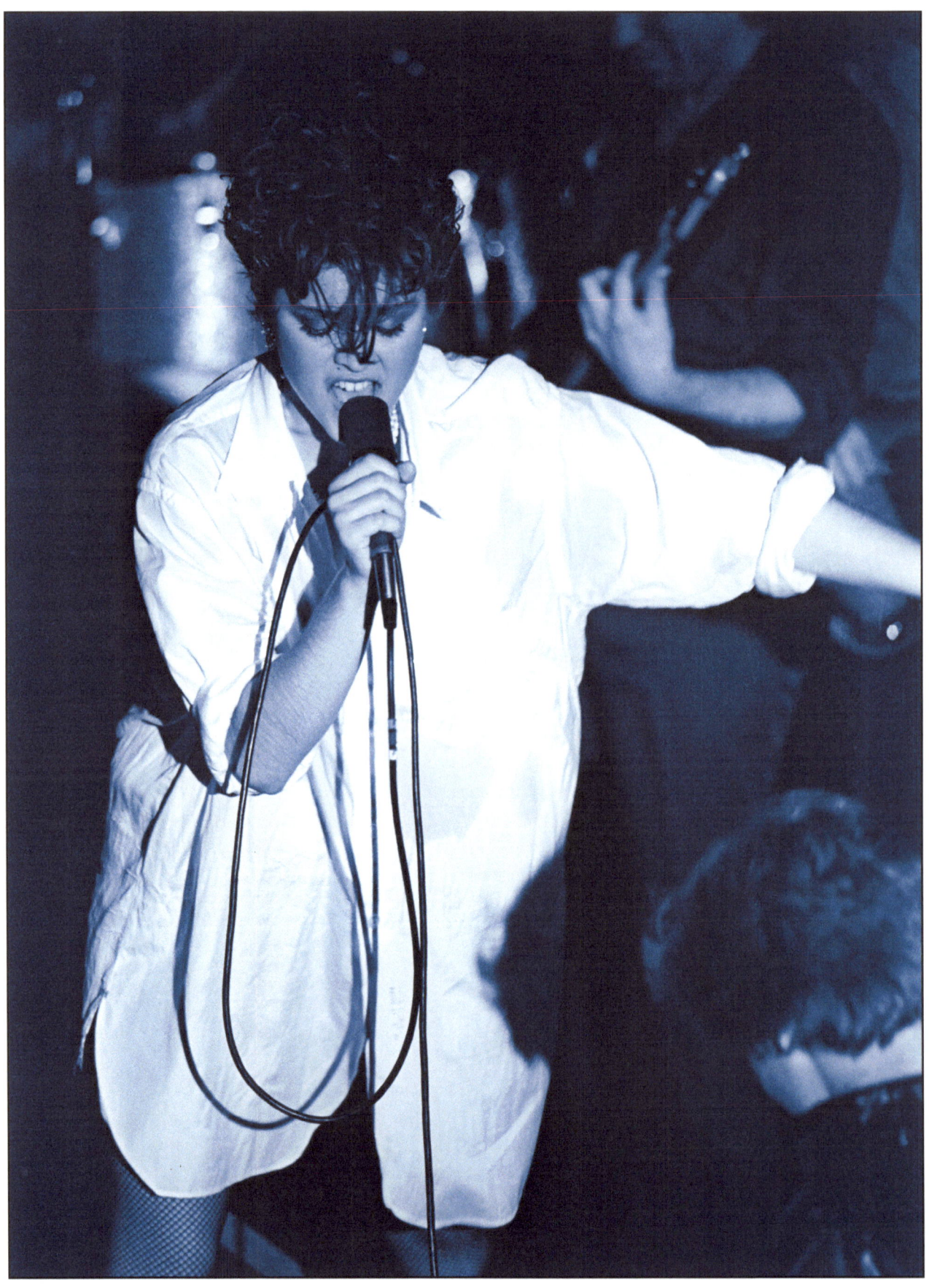

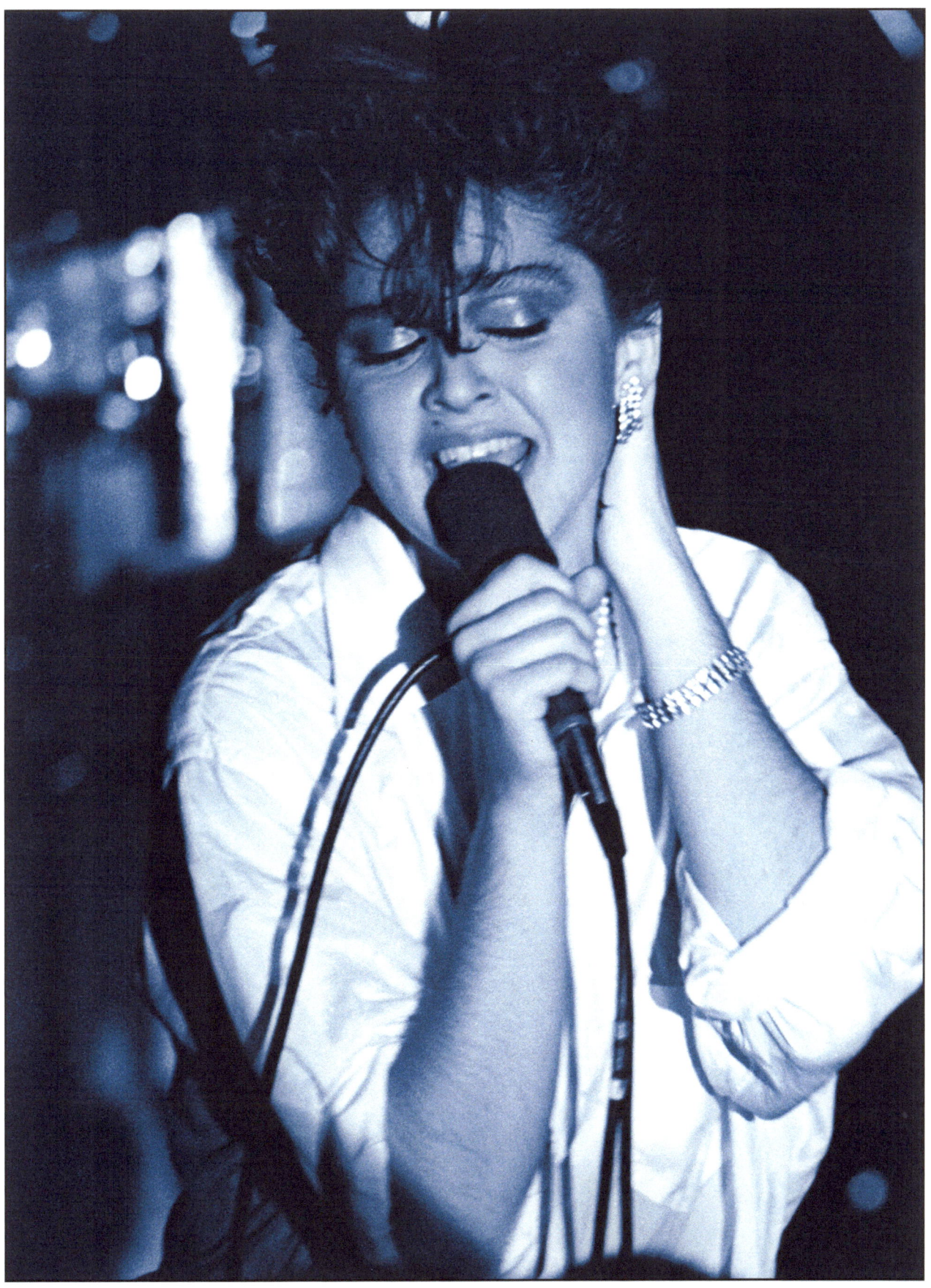

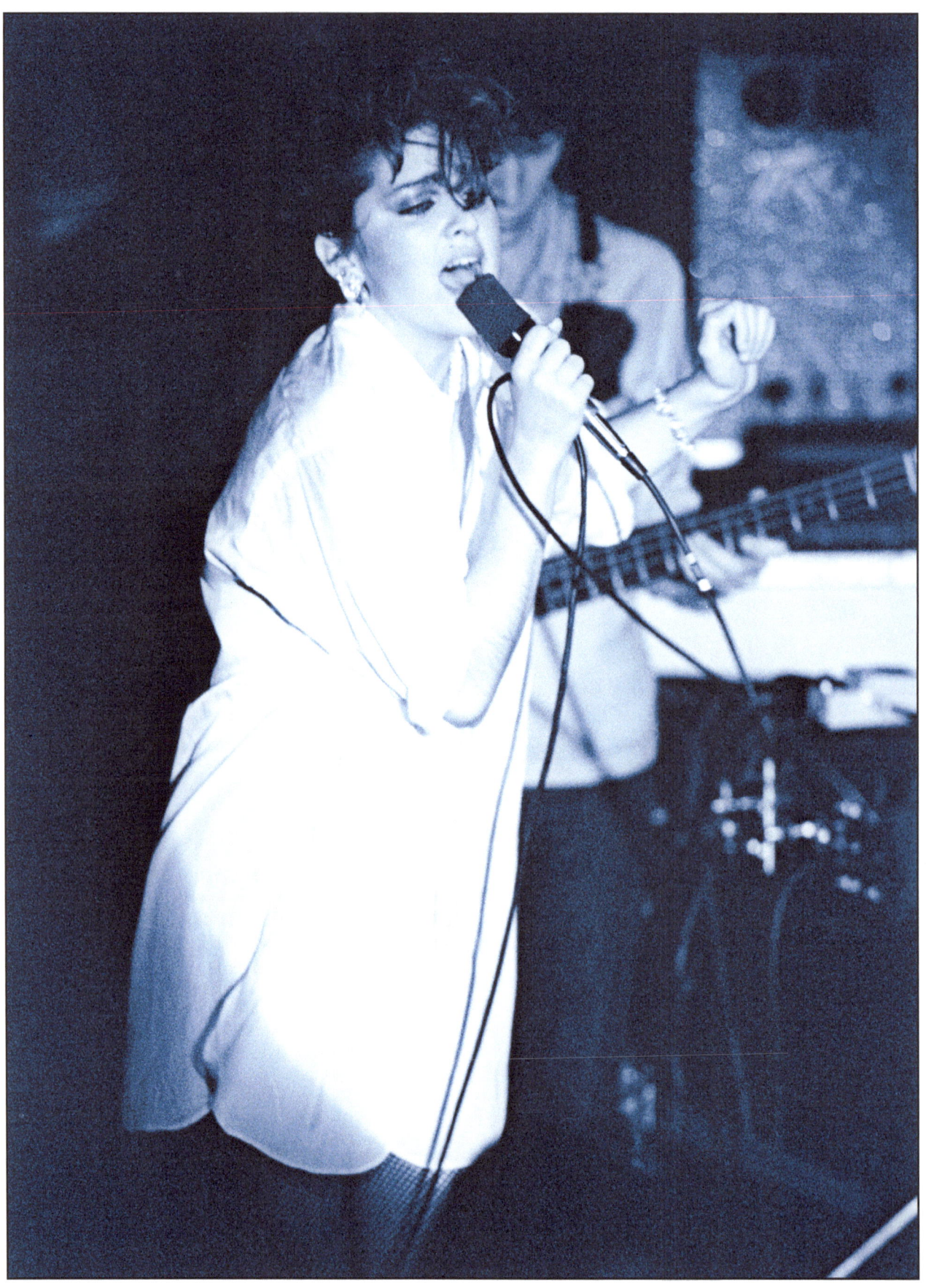

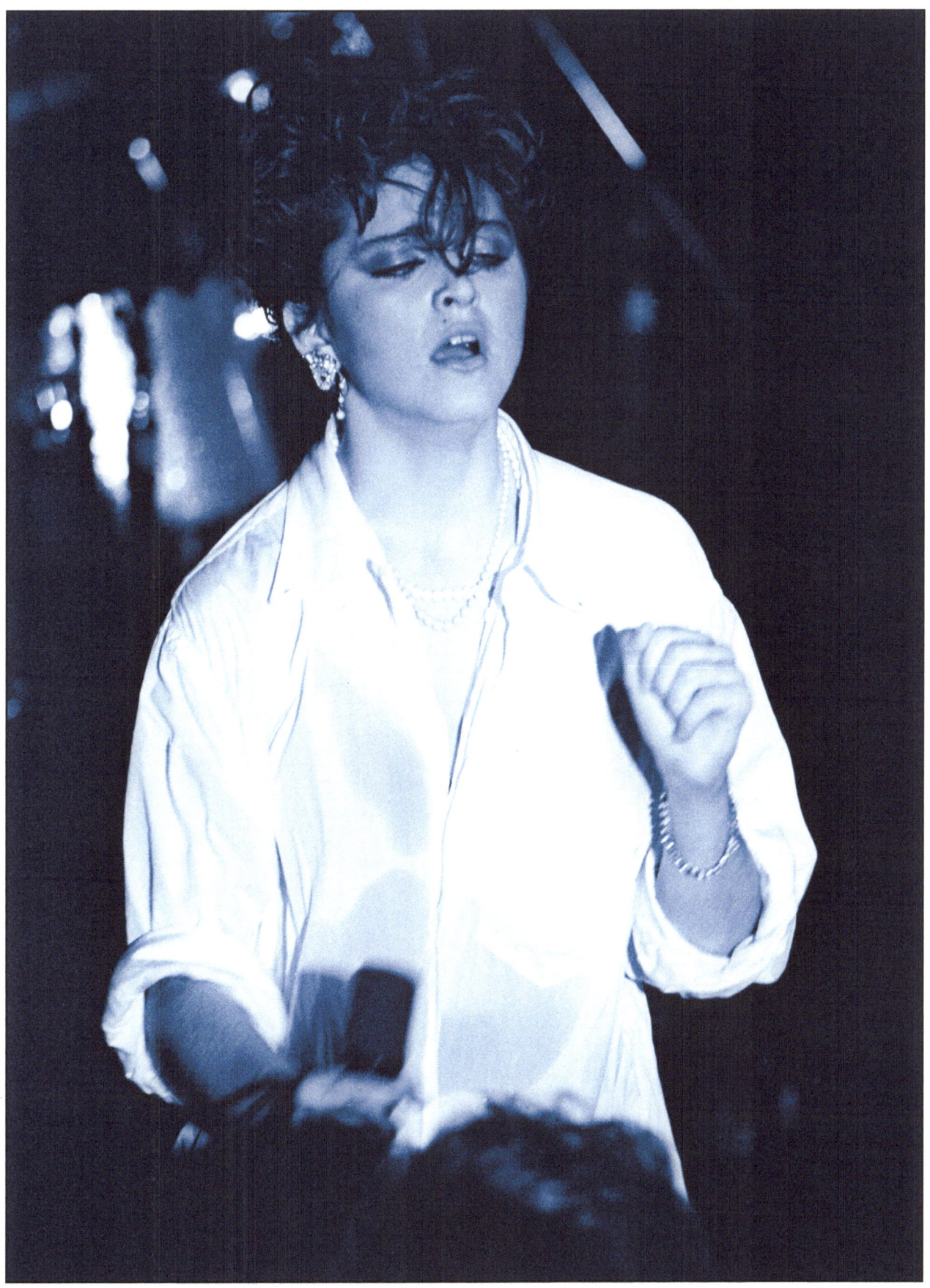

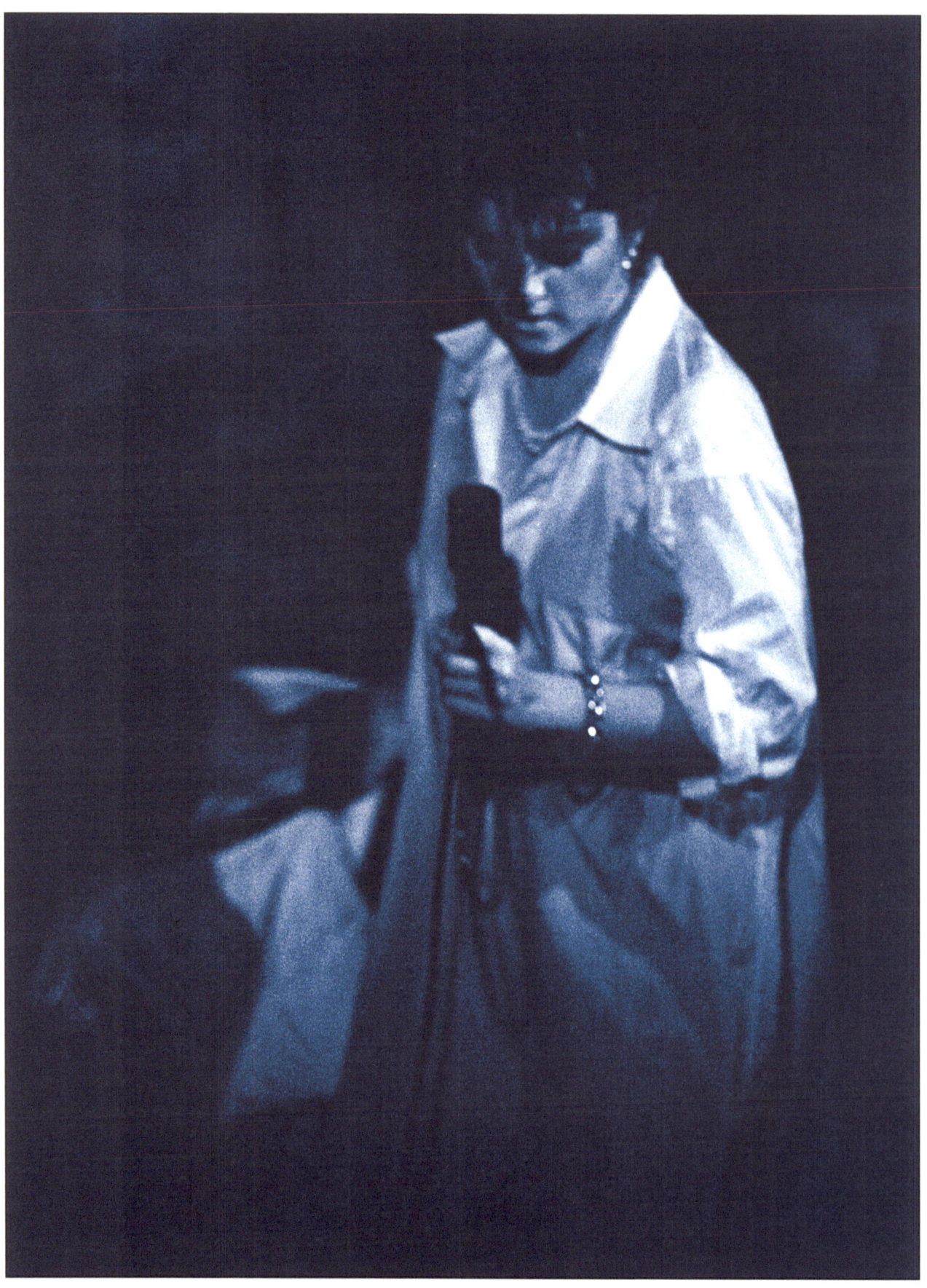

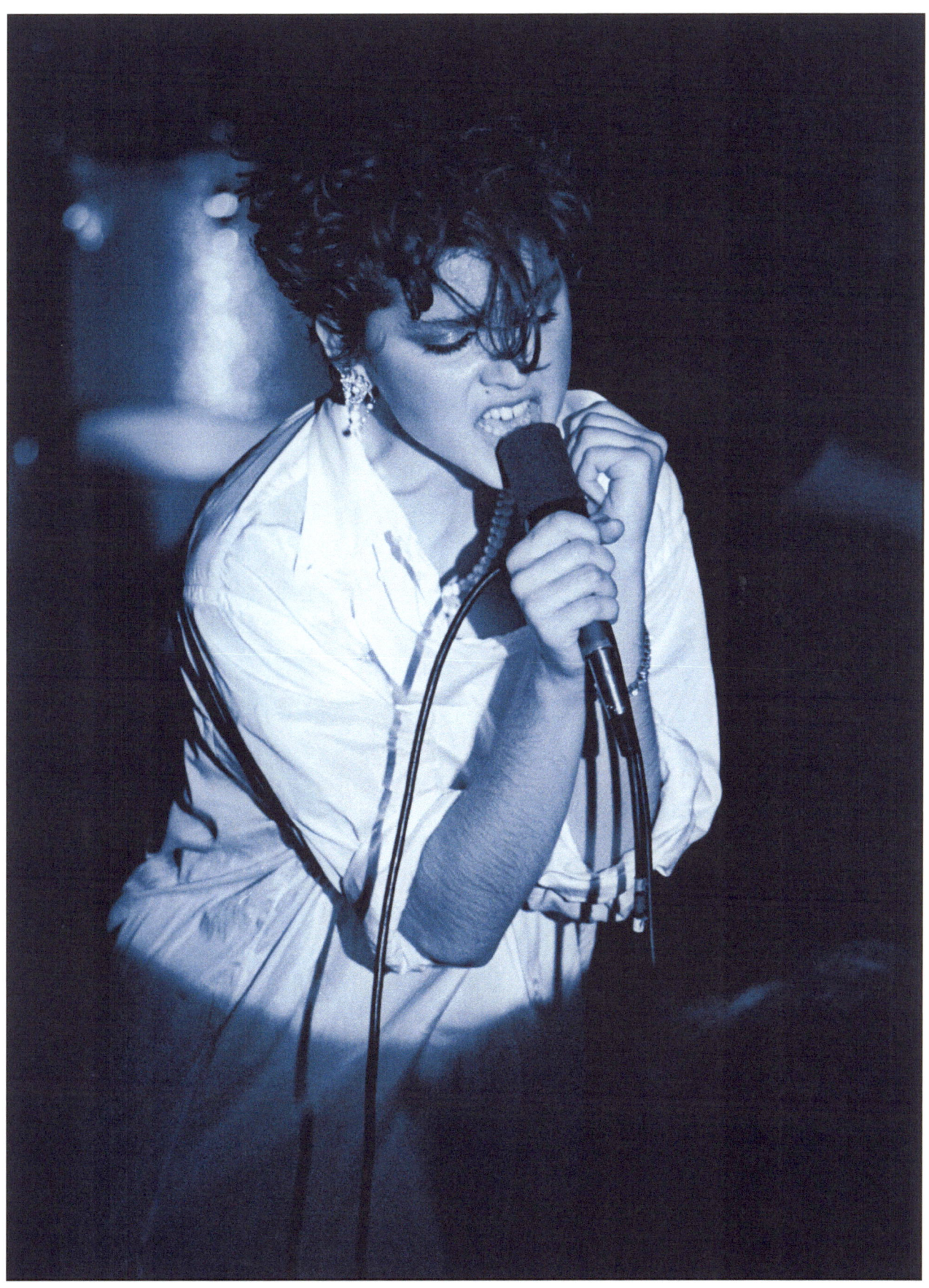

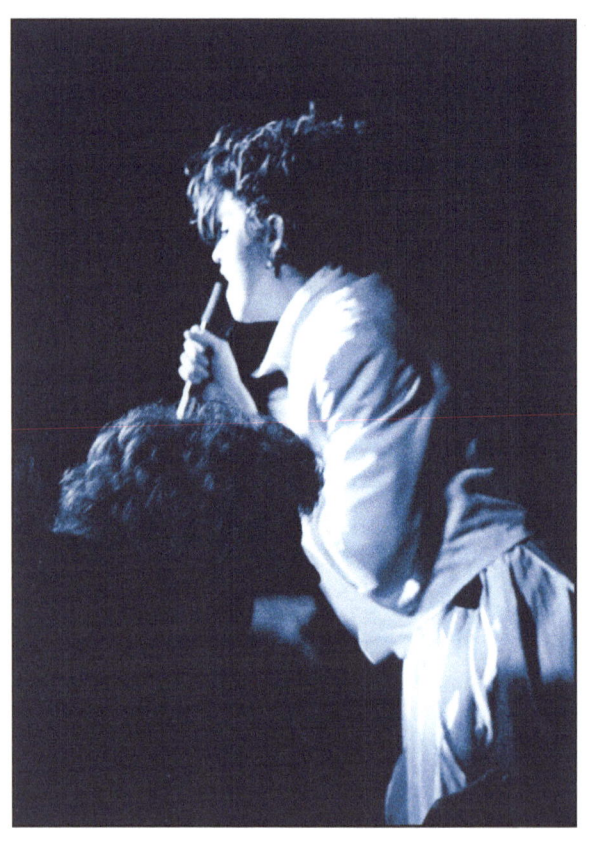
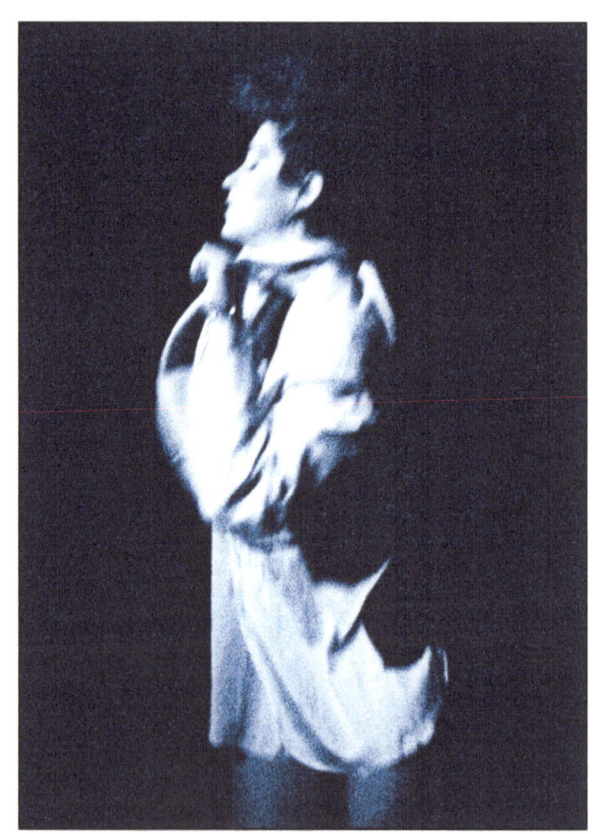
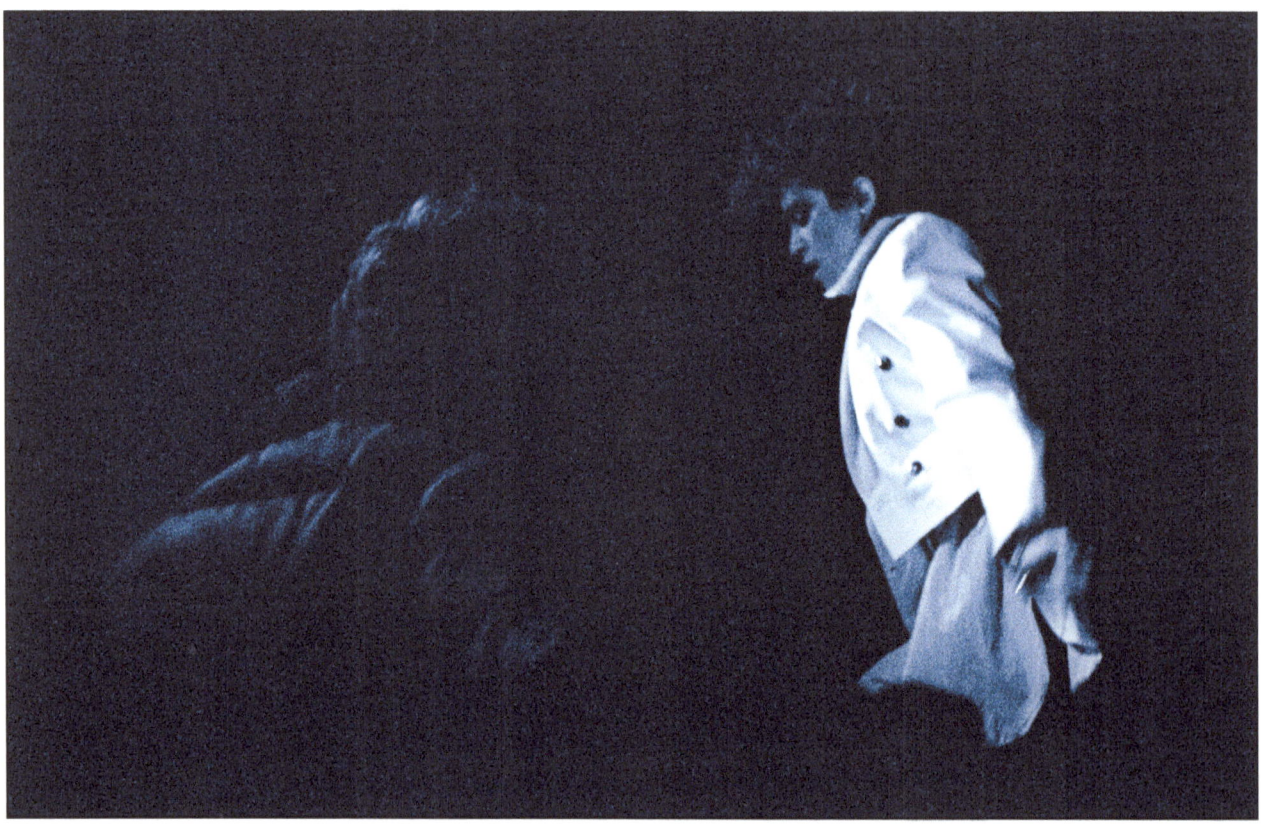

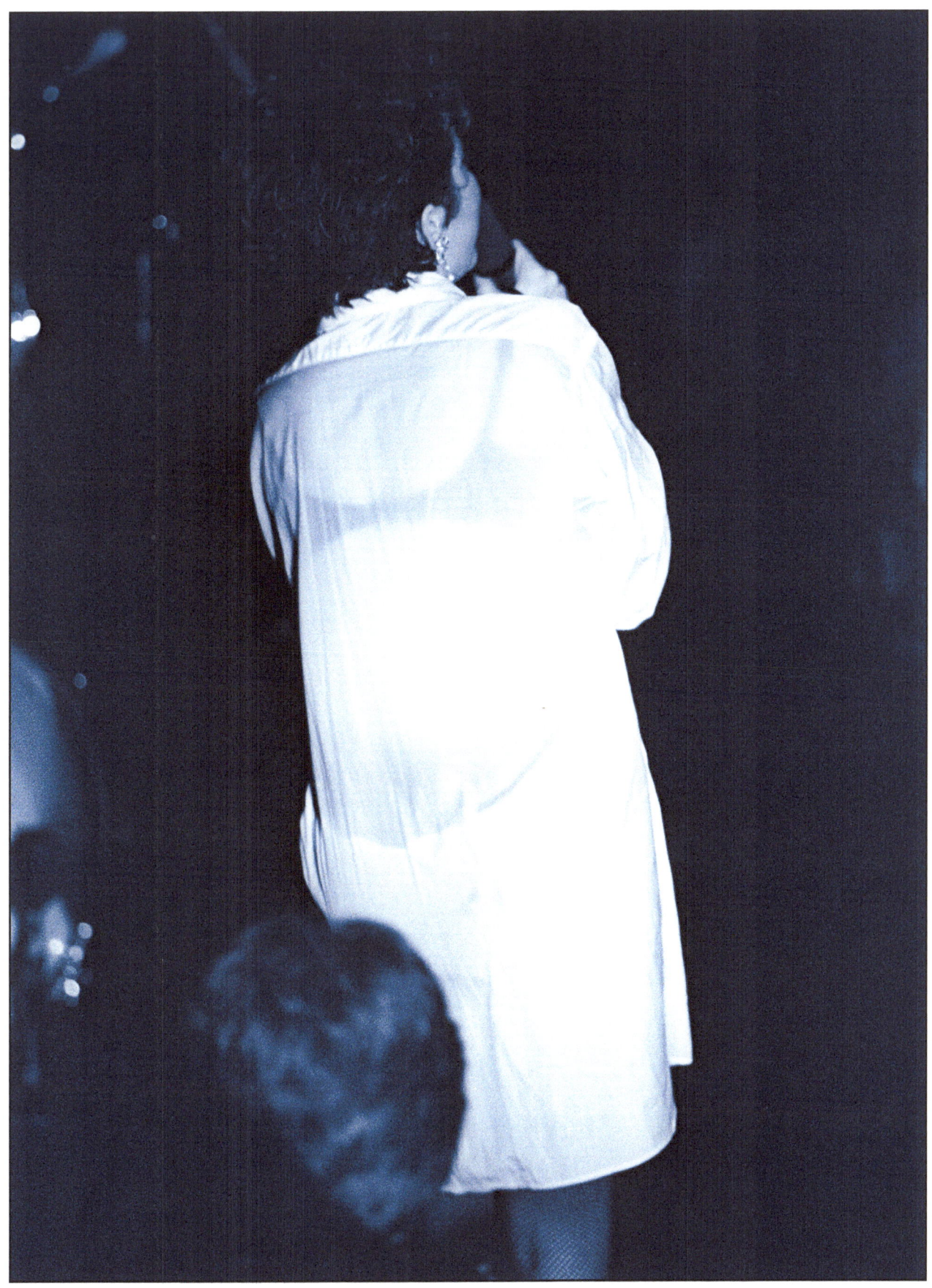

Immagino che quella sera sul tetto della Danceteria nell'estate del 1982, Madonna si esibisse con delle basi musicali delle sue canzoni.

La band non c'era più.

Ero lì con Michael O'Brien e Yuki Watanabe. Stavo sostenendo febbrilmente Madonna con chiunque mi ascoltasse; Mike e Yuki erano in procinto di scritturarla per il loro evento mensile, "New York Nights", in vari club di Boston.

È chiaro, da queste foto sul tetto della Danceteria, che Madonna si stesse consultando con Maripol per il suo stile e il look da palco.

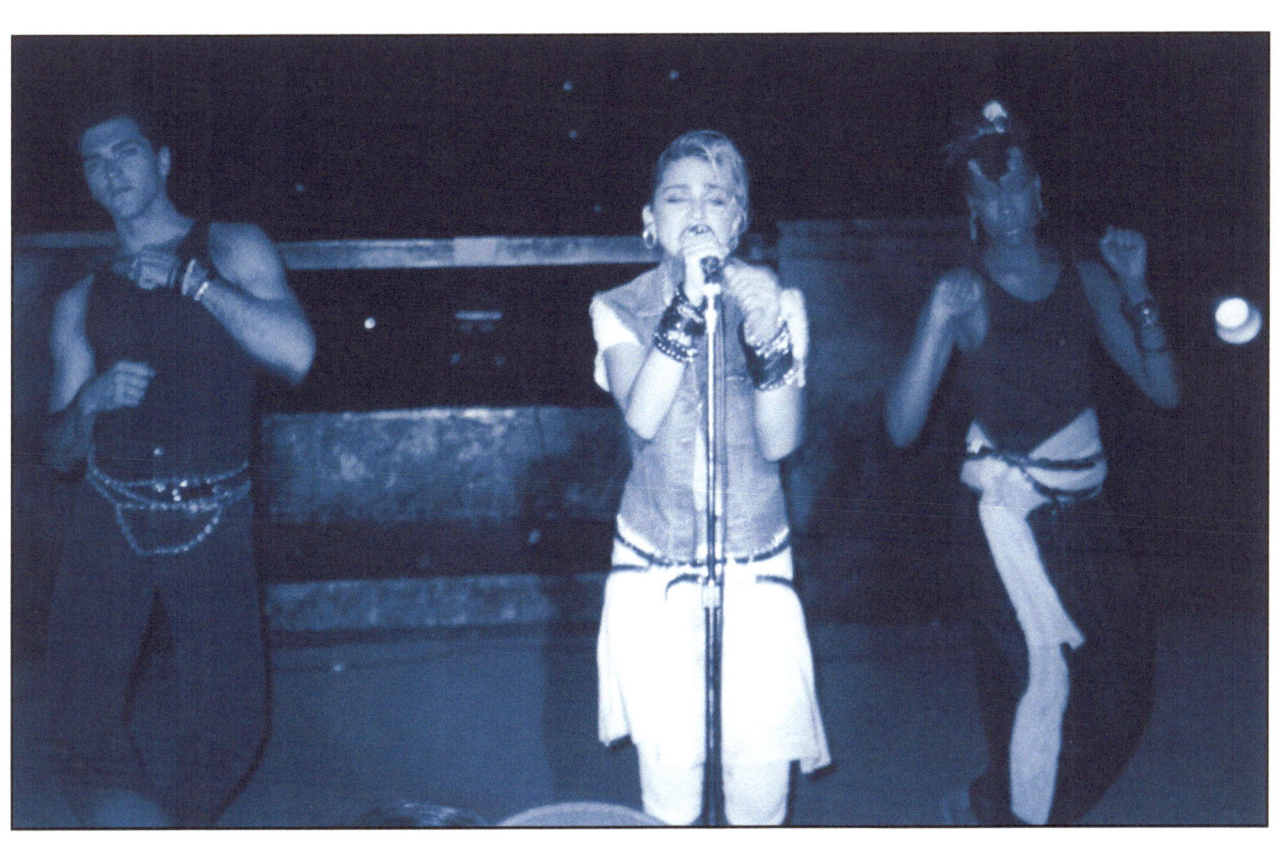

Già dallo show "New York Nights" di Boston al Metro, Madonna era a pieno regime. Grazie a Maripol aveva trovato il suo look, e focalizzato lo spettacolo con i ballerini.

Nonostante non avesse ancora un contratto discografico, era decisamente chiaro che la sua unicità artistica le avrebbe dato il successo.

Non avevo idea di quanto grande sarebbe diventata.

Come potete vedere dalla folla del Metro, la voce girava.

C'era Madonna in città.

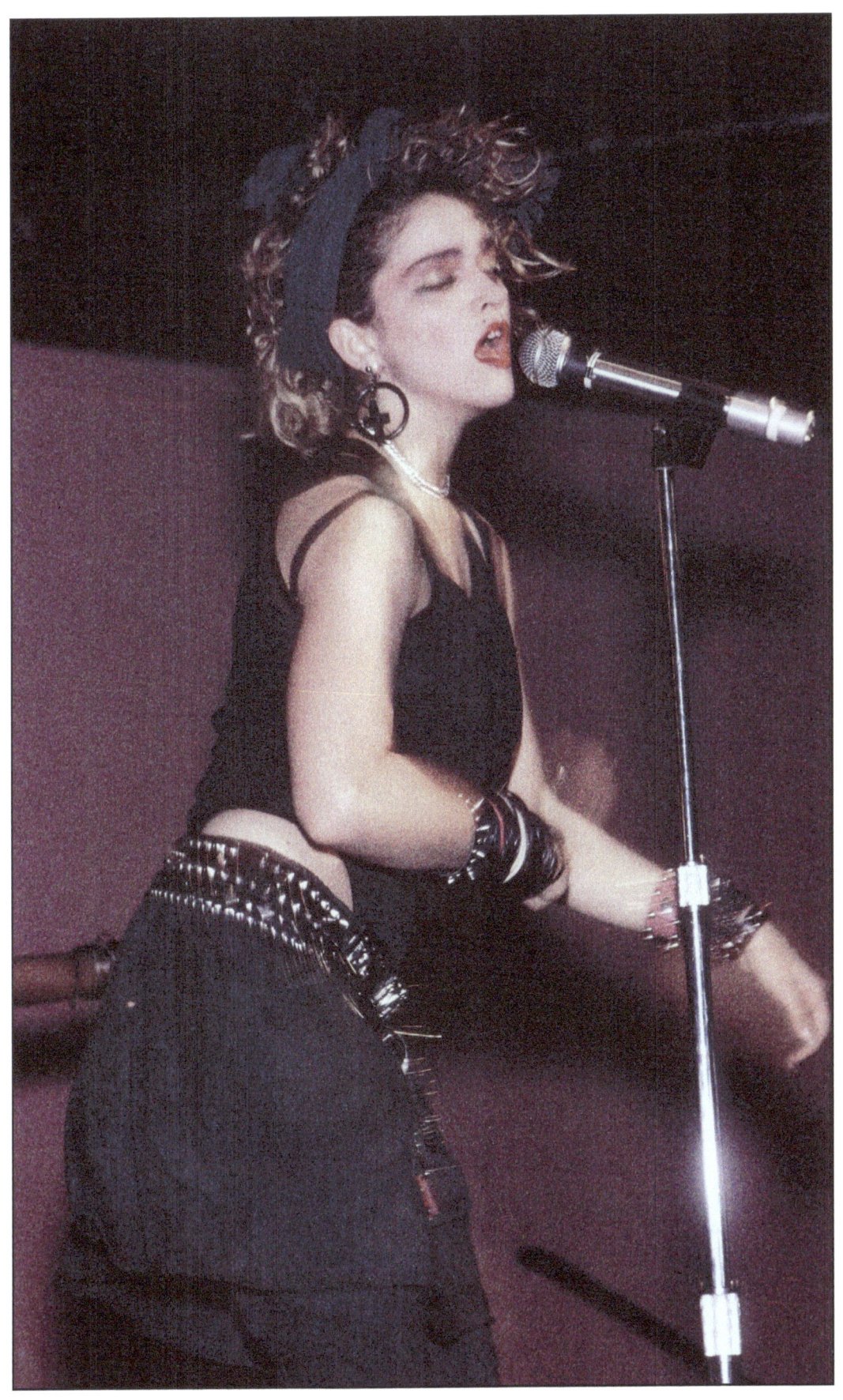

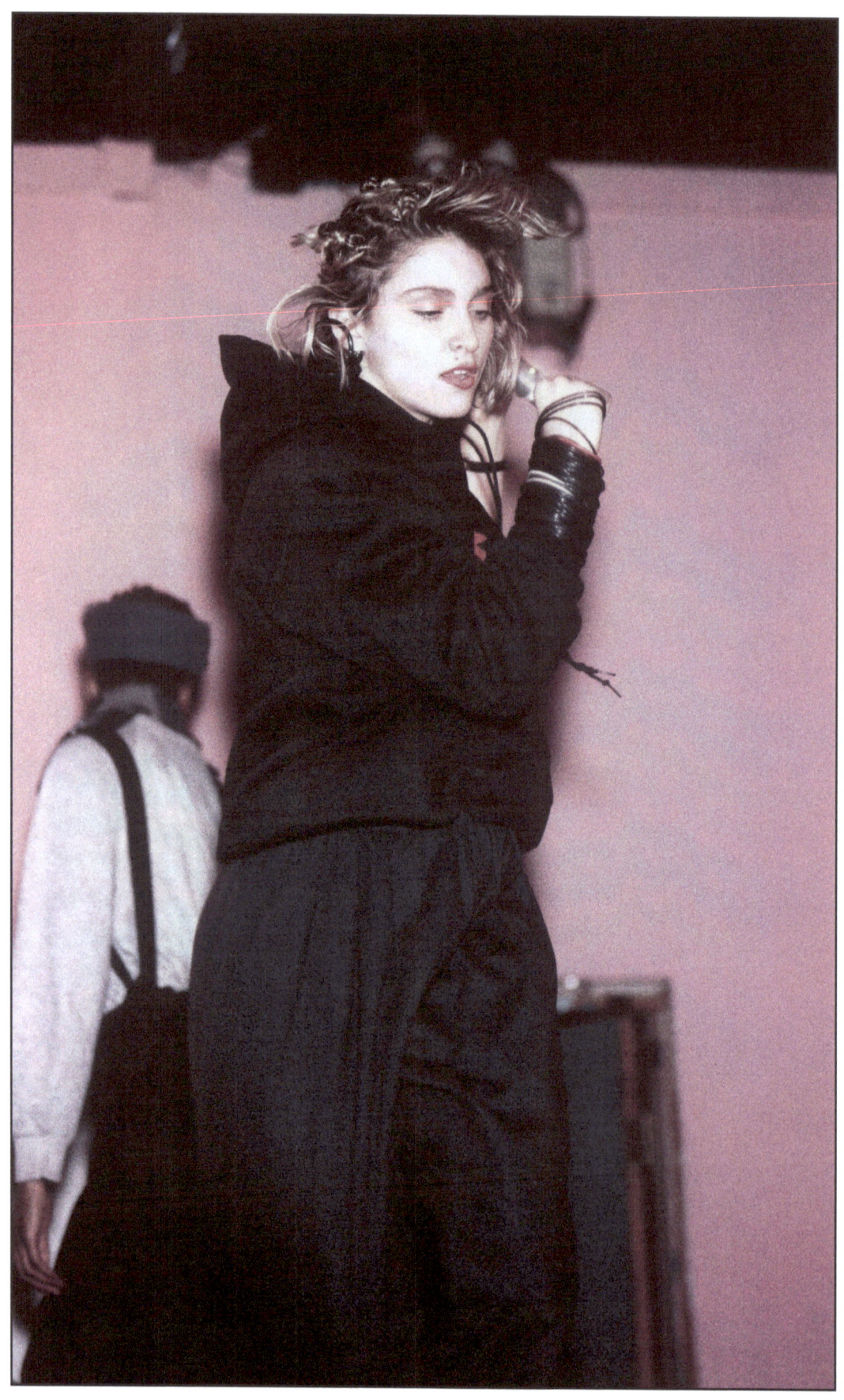

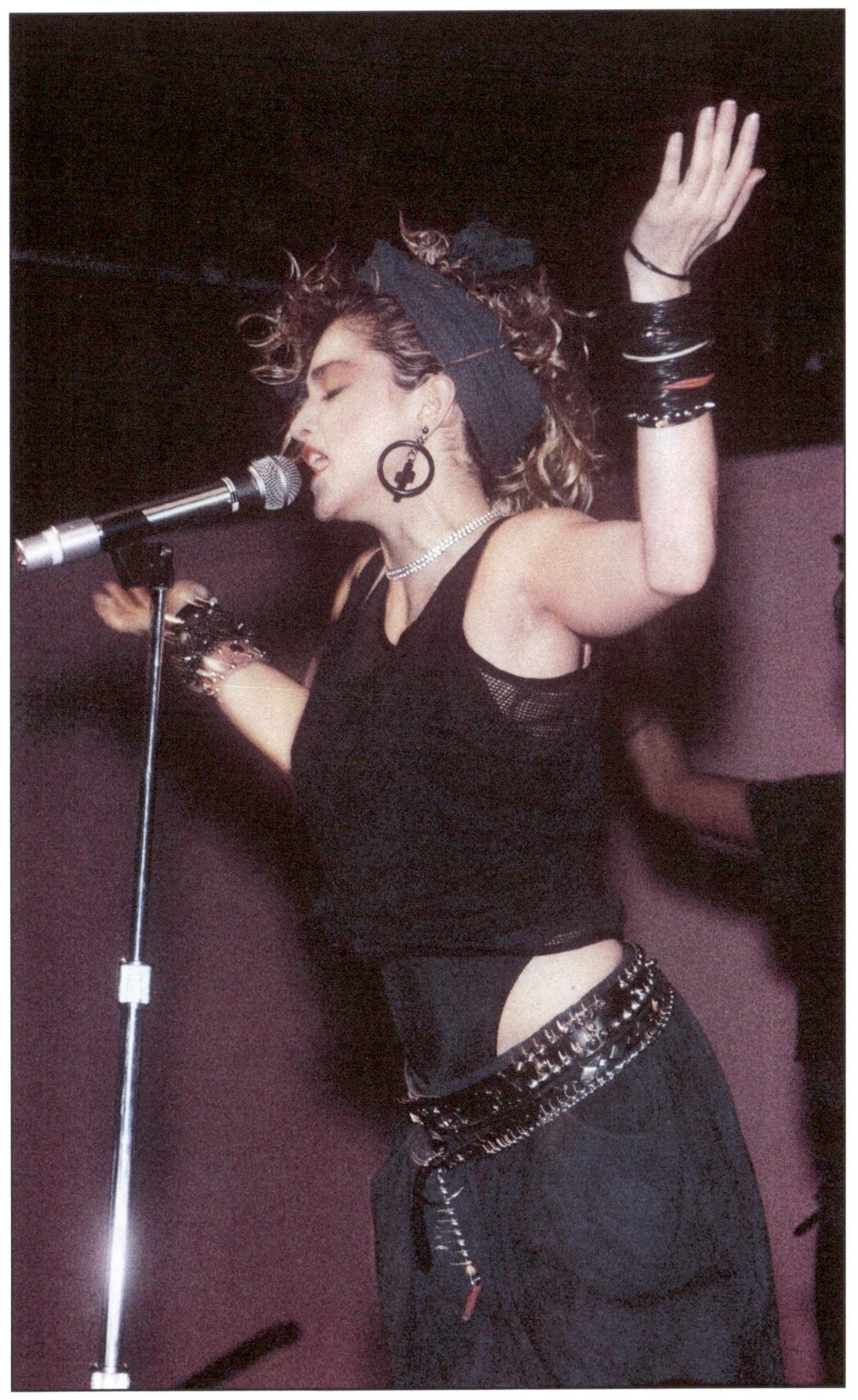

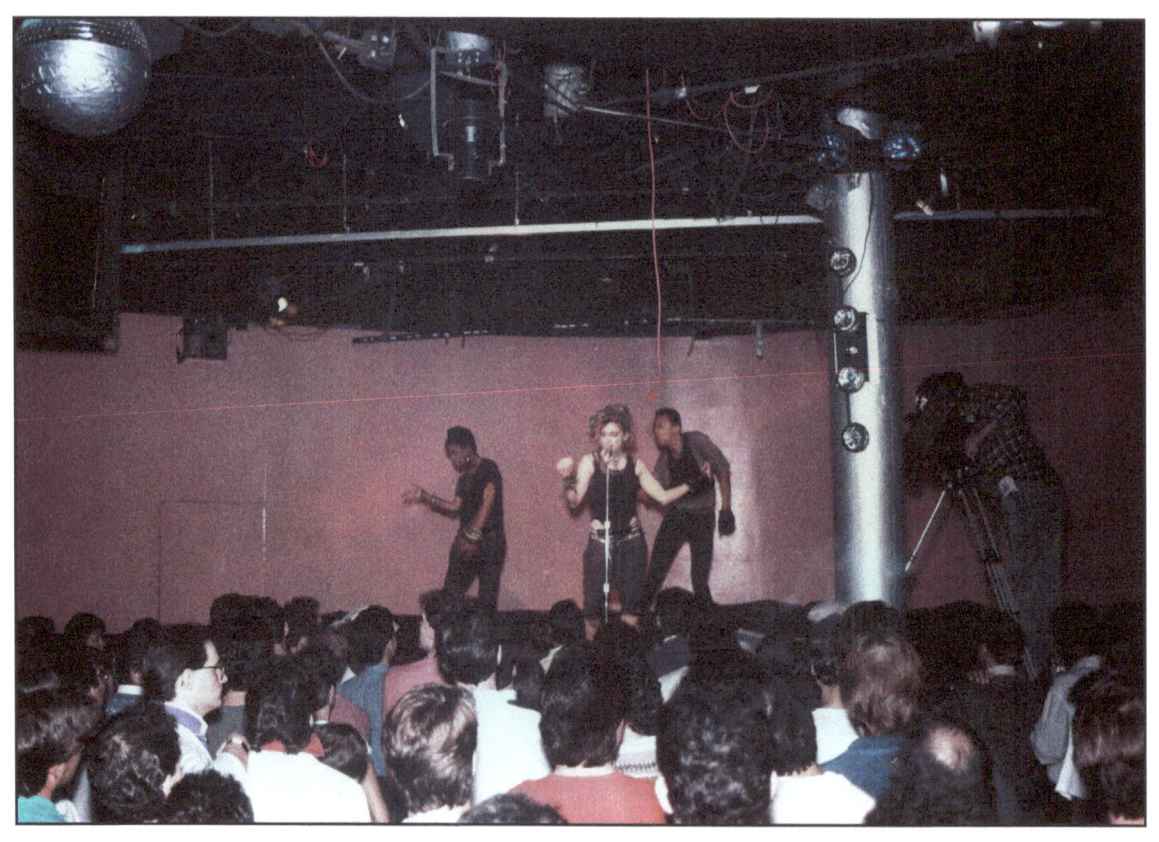

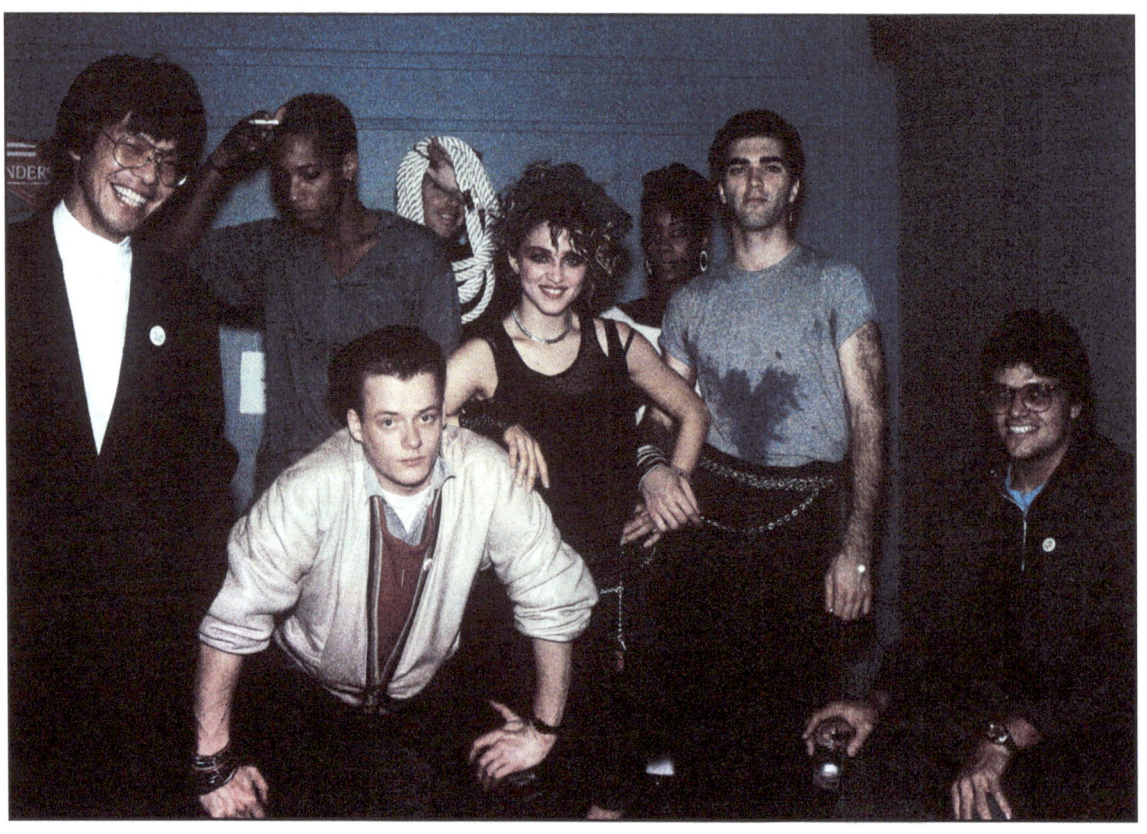

L'autore desidera ringraziare:

Gerd Saller, per avermi aiutato a realizzare questo libro, ritoccando dozzine di fotografie oltre che per avergli dato il miglior aspetto possibile. Gerd è stato determinante nel trovare la via maestra nel percorso spinoso delle autoedizioni on demand.

Lane Pederson, il mio maestro della fotografia, che si interessò alla mia carriera, condividendo una quantità rilevante di suggerimenti e competenza, che continua ad essere un amico e un supporto dopo tutti questi anni.

Yuki Watanabe, per avermi ascoltato portando Madonna a Boston.

Michael O'Brien R.I.P., per aver supportato a sua volta la mia carriera e semplicemente per essere stato un personaggio indimenticabile nella mia vita.

Deirdre DuBose, R.I.P., mia madre. Anche se avrebbe voluto che io diventassi un avvocato, mi ha sempre fatto pensare di poter ottenere quello che avrei voluto dalla vita e che mi avrebbe amato comunque.

Glenn O'Brien, per essere un amico. Glenn è stato molto di supporto in numerose fasi della mia carriera, lo è ancora e mi incoraggia sempre. Non esiste uno scrittore che ammiro di più e niente che mi piaccia leggere più delle sue opere. Nella prossima vita, vorrei essere come lui.

Tutti i fan e i collezionisti delle mie opere.
Mi state aiutando a sopravvivere.

www.ingramcontent.com/pod-product-compliance
Lightning Source LLC
Chambersburg PA
CBHW050724180526
45159CB00003B/1122

* 9 7 8 0 9 8 6 3 0 4 5 2 1 *